방송입문총서 Ⅱ

 4K 카메라를 사용한 UHD 드라마 제작기

드라마 제작의 알파와 오메가

김태홍 지음

씨마스

Prologue

우리나라는 드라마 공화국이라 해도 지나친 표현은 아닐 듯싶다. 지상파와 종편, 그리고 케이블 방송을 통하여 매년 제작되고 있는 드라마의 수가 130편 이상이다.

그중에는 시청자에게 많은 사랑을 받은 작품도 있고 또는 외면을 당하는 경우도 있지만, 시청자의 인기 여부를 떠나 단시간 내 비교적 수준 있는 질 높은 드라마를 만들 수 있는 능력은 아마 우리나라가 세계 최고 수준이 아닐까 싶다.

한 편의 질 높은 드라마의 제작은 분야별 전문 인력과 각종 시설 장치와 기기까지 어느 하나 소홀히 할 수 없는 요소들의 합이다. 그중 핵심적 요소 중의 하나를 꼽는다면 '제작 스태프'라 할 수 있을 것이다.

아무리 좋은 대본과 연출자와 연기자가 있어도 이를 이어주고 받쳐주는 좋은 스태프가 없다면 더욱 완성도 높은 드라마는 애초 기대할 수 없을 것이다. 즉 사람이 프로그램을 만드는 것이라는 말이다.

필자가 이 책에서 다루고자 하는 내용도 바로 그 사람들, 드라마의 제작 과정과 실제 현장에서 묵묵히 일하고 있는 스태프들과 그들의 역할을 중심으로 기술하였다. 특히 1982년에 방송국에 입사하여 40여 편 이상의 드라마 조명 감독을 수행하며 현장에서 스태프들과 함께 일하며 느낀 점과 그들과의 인터뷰 내용을 토대로 스튜디오에서의 드라마 제작 과정 전반을 상세하게 정리해 보았다.

책상에서 머리와 손으로 쓴 것이 아니라 여러 드라마 스튜디오 현장은 물론 야외 촬영 현장을 직접 방문하여 기록한 발로 쓴 글이다.

2017년 '드라마 제작의 알파와 오메가'를 출간한 지 20개월이 지났고 그 사이에 방송 제작 환경은 빠르게 변하고 있다. 지상파에서 UHD 스튜디오 드라마 제작이 본격적으로 시작되었고 드라마에서는 미니시리즈나 일부 주말극의 드라마

에서도 4K 카메라로 제작을 시작하고 있다. 그리고 사전 제작 형태의 드라마가 늘어나는 추세이고 지상파나 종편 등의 케이블 방송에서도 고품질의 드라마 제작에 많은 투자를 하고 있다.

이번 증보 개정판을 준비하면서 최근 방송사마다 제작하고 있는 UHD 드라마에 관한 기술적인 내용과 UHD 조명의 제작 과정을 추가로 정리해 보았다. 그리고 초판에서 아쉬웠던 내용을 새롭게 보강하고 관련 사진도 교체하였다.

1부는 드라마에 참여하고 있는 30여 분야의 담당자나 감독님을 만나 인터뷰를 진행하고 정리해 보았다.

2부는 드라마 스태프가 스튜디오에서 제작하고 있는 전 과정을 자세하게 다루어 보았다.

3부는 스튜디오에서 UHD 드라마 제작에 관한 영상의 기술적인 내용과 조명의 제작 과정에 대해 정리해 보았다.

4부는 일반인이 접하기 어려운 드라마 대본의 해설과 스태프가 가장 많이 읽고 참고하는 사극과 현대극의 시놉시스 두 편을 원문을 훼손하지 않은 상태로 작가의 동의를 구해 그 내용을 상세하게 설명해 보았다.

이 책을 만드는 데 많은 도움을 주신 드라마 현장의 스태프와 MBC Arts의 여러 감독님, 그리고 사진 촬영을 기꺼이 허락해 주신 연기자나 스태프에게 감사의 마음을 전하고자 한다.

또한 항상 부족한 책의 내용에도 불구하고 흔쾌히 증보 개정판의 출간을 허락해 주신 씨마스 이미래 대표님과 편집을 통해 멋진 책을 만들어 주신 씨마스 관계자 여러분께도 거듭 감사의 마음을 전합니다.

2019년 1월 빛장 김태홍

▲ 드라마 종방 후 연기자와 스태프의 기념 사진

이 책을 만드는 데 도움을 아끼지 않은 여러분께 감사를 드리며, 비록 드라마 제작 현장에서는 늘 뒤에서 수고하시는 분들이지만, 그분들이 만드는 드라마에 대한 이야기가 펼쳐지는 이 책에서 만큼은 주인공처럼 대접하고 싶은 저자의 소박한 마음을 담아 엔딩 크레딧(Ending Credit)이 아닌 오프닝 크레딧(Opening Credit)으로 소개하고자 합니다.

이 책에 사용된 대부분의 사진은 MBC드라마 제작 현장과 녹화 장면을 필자가 촬영 했으며, 일부의 사진은 김현규 포토그래퍼의 드라마 현장 사진을 제공받아 제작 했습니다.

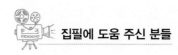

집필에 도움 주신 분들

연출 부문
김상우 연출
김선화 진행 감독
김성원 MBC 편집자
문홍주 로케이션매니저
박재범 MBC 연출자
심소연 MBC 연출자
유현종 MBC 프러듀서
이소영 스크립터
이은선 제작 피디
이지혜 부편집자

미술 부문
강이슬 MBC Arts 푸드스타일리스트
강혜정 MBC Arts 헤어디자이너
김민정 MBC Arts 세트스타일리스트
김재영 MBC Arts 장식미술 감독
이수관 MBC Arts 플로리스트
정소영 MBC Arts 의상 스타일리스트
정창호 MBC Arts 장식미술 감독
차미례 MBC 드라마 마케팅 담당
최현우 MBC Arts 세트디자이너
우영란 MBC Arts 메이크업아티스트
한재덕 MBC Arts 세트제작 감독
나이선 미술 감독

기술 부문
강윤희 MBC 카메라 감독
김기성 MBC 효과 감독
김병문 MBC 영상 감독
김유진 명라이팅 조명 크루

윤태희 MBC 서버 마스터
이영근 MBC 사운드 마스터
임경래 MBC 종편기술 감독
임동희 MBC 음향 감독
장익선 MBC 조명 감독
조화자 MBC 기술 감독
최봉채 MBC 스튜디오 붐 오퍼레이터
최진형 MBC 특수영상 감독
최형종 MBC 카메라 감독
홍병욱 MBC 색재현 감독

야외 부문
김선일 MBC 촬영 감독
김성한 MBC 드론촬영 감독
박재우 동시녹음 감독
장병철 야외조명 감독
정상수 야외조명 감독
황정연 포커스플러

연기자
김정훈 연기자
박민지 연기자
이향나 연기자

작가
김이영 《화정》 작가
서현주 《최고의 연인》 작가
원영옥 《다시 시작해》 작가

스틸 사진 작가
김현규 Photo grapher

목 차

프롤로그

 I 드라마를 만드는 사람들

드라마는 사람이 만드는 것이다. 주어진 대본을 수십 명의 스태프가 모여 머리로 생각하고 손을 사용하여 하나의 장면을 만들어 나가는 과정이다.
1부에서는 드라마 현장에서 제작에 참여하고 있는 30여 명의 스태프가 하는 일에 대하여 자세하게 기술해 보았다.

I

드라마를
만드는 사람들

1. 연출 관련

드라마에서 연출자는 오케스트라의 지휘자이다. 본인은 어느 악기도 연주하지 않지만 손짓과 행동으로 좋은 영상과 소리를 만들어낸다. 드라마 제작에서 가장 중요한 역할을 한다.

연출

연출은 오케스트라의 '지휘자'이다. 모든 스태프가 연출자에 의해 움직이기 때문이다.
연출에게는 리더십과 판단력뿐만 아니라 상대방을 배려하는 심성이 필요하다.
작품을 위하여 예술적인 감수성 또한 중요하기 때문에 작품이 없을 때에는 구상을 위하여
다양한 책을 읽고 여행을 통하여 영감을 얻기도 한다.

🎥 기본 업무

연출자는 1년 전부터 작품 준비를 하는 것이 일반적이다.

방송사의 편성에 따라 어떤 형태의 드라마(미니 시리즈, 주말 드라마,
일일 드라마, 시트콤 등)를 제작할지 정하게 된다. 드라마의 장르와 편성이
결정되면 작가를 정해야 한다.

방송사에서 매년 공모하는 신인 작가에서부터 기존의 프리랜서 작가나
소속사가 있는 작가 등 다양한 작가들 중 구상하는 내용과 성향이 맞는지
를 고려하여 결정한다.

대체로 이전에 작업을 해 본 작가와 다음 작품을 함께 진행하는 경우가
많다. 함께 작품을 진행한 경험을 바탕으로 의견 충돌과 같은 시행착오를
줄일 수 있기 때문이다. 그러나 최근에는 방송사가 외주 제작사나 작가를
먼저 결정한 후 연출자를 확정하기도 한다.

연출자에게 있어서는 리더십과 판단력뿐만 아니라 예술적인 감수성 또한
중요하기 때문에 작품이 없을 때는 구상을 위해 다양한 책을 읽고, 여행을
통하여 영감을 얻기도 한다.

📺 시놉시스

드라마의 기본 골격이 정해지면, 작가는 극의 내용과 주요 등장인물의 배경을 정리한 시놉시스를 연출자에게 보낸다. 보통 50쪽 내외 분량으로 드라마의 개략적인 내용과 연기자의 캐릭터 파악 등이 가능하다.

연출자는 드라마를 함께 만들게 될 스태프들에게 이 시놉시스를 배포하여 각자 자신의 파트에 맞는 설계를 할 수 있게 한다.

🎞 편성

편성은 연출자에게는 매우 중요한 부분이다. 방송사에 드라마가 편성된다는 것은 운동선수가 대진표를 받는 것과 같은 의미이다. 편성이 중요한 이유는 같은 시간대에 타사에서는 어떤 드라마가 편성되느냐에 따라 작가나 연기자의 구성에 많은 차이가 생기기 때문이다.

편성은 연출자가 직접 결정하기도 하지만 최근에는 방송사 정책에 의해 결정되기도 한다. 왜냐하면 편성 시간에 따라 드라마의 성격이 좌우되기도 하기 때문에 매우 중요한 부분이기도 하다.

예를 들어, 일일극의 경우에는 15세 미만의 가족이 주로 시청하는 시간이므로 선정적이거나 자극적이지 않은 내용으로 편성하고, 밤 10시 이후에 방송되는 미니 시리즈 등은 연속극이나 드라마보다는 파격적인 내용으로 편성을 한다.

⁑ 지상파 드라마 편성에 따른 방송 시간 및 횟수

일일극	35~40분 내외
주간 연속극	60분 내외
월화 드라마	60분 내외, 50회 내외
주말 드라마	
주말 특별 기획 드라마	
수목 미니 시리즈	편당 60분, 16부 혹은 20부 내외

☗ 스태프 구성

드라마의 편성이 결정되면, 제작이 시작되기 2~3개월 전에는 조연출을 비롯한 기본 스태프를 구성한다.

조연출을 방송사 내부의 사원으로 구성할지, 아니면 외부의 조연출자를 섭외할지를 결정한 후에 후속 스태프를 결정하게 된다. 스태프의 구성은 조연출과 상의해서 이루어지는데, 이전 드라마에서 함께 일했던 스태프로 구성되는 경우가 많다.

그리고 야외 녹화에서 가장 중요한 역할을 하는 촬영 감독과 조명 감독은 연출자가 직접 결정한다.

☆ 연기자 캐스팅

주요 연기자는 2~3개월 전부터 캐스팅을 진행하는데, 경우에 따라서는 제작이 얼마 남지 않은 시점에 캐스팅되기도 한다. 배우나 작가에게 지급하게 되는 출연료와 원고료는 제작비의 60% 이상을 차지하기 때문에 많은 시간 공들여 캐스팅을 진행한다. 때로는 주연 배우의 캐스팅에 어려움을 겪어 드라마의 첫 촬영이 지연되는 경우도 종종 있다.

캐스팅은 기획사를 통해 이루어지기도 하고, 일정 배역은 공개 오디션을 통해 선발하기도 한다. 그밖에 연출자가 평소 눈여겨보았던 배우나 이전 작품에서 함께 작업한 배우를 캐스팅하기도 한다.

최근에는 드라마 제작비 절감을 위해서 대중적인 인지도는 그다지 높지 않지만 연기력이 검증된 연극이나 뮤지컬 배우를 캐스팅하는 경우도 많다.

☗ 대본 리딩

대본 리딩 시간에는 드라마에 참여하는 모든 연기자가 한자리에 모이게 된다. 이때 함께 연기할 상대 배우와 대사를 체크해 보며 자신의 캐릭터에 감정을 이입시키는 시간을 가지기도 하고, 다양한 시너지 효과를 공유하는 자리이기도 하다.

초반 리딩에서는 연출자가 작품에 대한 느낌을 짧게 코멘트하기도 하며, 리딩하는 연기자의 감정이나 대사 톤을 체크하여 의견을 교환하는 등 실감 나는 캐릭터를 만들기 위해 서로 노력을 기울인다.

📺 스튜디오 세트

스튜디오 세트를 기획할 때 가장 중요한 것은 드라마의 배경에 적절하면서도 현실감 있는 콘셉트를 설정하는 것이다.

시대극일 경우에는 고증 또한 중요하다. 일단 콘셉트가 정해진 후에는 연기자가 스튜디오에서 움직일 때의 동선과 카메라의 위치 등을 고려하여 세트를 유기적으로 배치해야 한다.

스튜디오 내에서는 4~5대의 카메라로 촬영을 진행해야 하고, 연기자의 동선이 무엇보다 중요하기 때문에 웅장하고 화려하게 세트를 설계하는 것보다는 효율성이 우선되어야 한다.

그러므로 가장 최적의 세트를 만들기 위해서는 스튜디오 촬영을 시작하기 전에 세트 디자이너가 설계한 시뮬레이션 세트를 통하여 스태프의 의견을 듣고 반영해 작업을 진행하는 것이 좋다. 제작 시간과 스튜디오를 세울 공간이 있으면 본격적인 촬영 전에 세트를 미리 세워, 모든 스태프가 세트에 대한 점검을 한 후 본 녹화를 진행하기도 한다.

연출자는 필요에 따라 스튜디오에서 당일 촬영할 배우와 함께 드라마의 전반적인 진행과 향후 전개에 대해 의견을 나누면서 더 나은 드라마를 만들기 위해 노력한다.

▲ 스튜디오에서 연출자가 출연 배우와 회의하는 모습

⊛ 콘티 구성

콘티는 카메라의 shot을 정하여 작성해 둔 대본을 말한다. 연출자마다 개인적인 차이는 있겠지만 스튜디오에서 제작되는 일일 드라마의 경우, 콘티를 작성하는 데 걸리는 시간은 한 편당 평균 70~80분 정도이다. 예를 들어, 일주일에 5회 방송되는 일일 드라마의 일주일 치 콘티를 짜는 시간은 대략 5~7시간이 되는 셈이다.

드라마 초반에는 콘티 작업을 하는 데 많은 시간이 걸리지만 드라마가 중반 이후를 넘어가면서 녹화가 안정화되면 콘티 작업 시간도 줄어들게 된다.

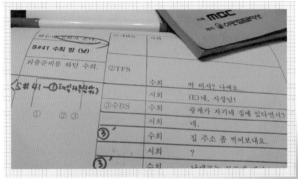

드라이 리허설을 마치고 카메라 감독과 협의된 콘티를 별도로 표시한 대본의 일부이다. 콘티는 카메라의 동선과 연기자의 위치가 차이가 생기거나 더 좋은 카메라 shot을 위해서 수정한다.

▲ 연출자 수정 대본

진행 감독(FD)을 통해 연기자에게 간접으로 지시하는 스튜디오 녹화와 달리, 야외에서는 연출자가 연기자에게 직접 연기에 대한 감정이나 대사에 대한 요청을 전달한다.

▲ 야외 촬영 시 연출자가 연기자에게 연기에 대해 지시하는 장면

🌑 편집

촬영된 영상은 연출자의 의도에 따라서 편집자(편집 기사)가 편집하는 작업을 거치게 된다. 연출자는 작가가 추구한 바와 자신의 연출을 편집자가 얼마나 적절하게 반영하여 편집하였는지를 확인한다.

편집 방향만큼이나 중요한 것은 방송 편성 시간에 맞춰 내용을 적절하게 조절하였는지의 여부이다. 연출자는 주로 편집실에서 편집 영상을 확인하는데, 드라마 후반부에 들어서 일정에 쫓기다 보면 웹하드 등을 통하여 원격으로 확인하기도 한다.

드라마에서는 연기자의 대사에 못지않게 중요한 것이 음악이다. 음악은 연기를 돋보이게 하는 동시에 분위기를 반전시키는 핵심 요소이다. 따라서 연출자는 신중하게 음악을 선곡해야 하고, 편집 시에는 어느 지점에서 음악이 삽입되고 빠져야 하는지 구체적이고 정확한 지시를 주어야 한다.

▲ 연출(가운데)의 리허설 진행 모습

# 조연출

조연출은 연출의 '애인'이자 '동반자'이며, 연출이 필요한 모든 것을 도와주고
앞에서 진행을 한다. 드라마 제작 시 발생하는 모든 어려운 일을
연출을 대신해 해결해 나가는 역할을 한다.

🎥 기본 업무

드라마 제작에서 연출자와 함께 처음부터 끝까지 프로그램의 모든 것을
관장하고 연출자를 보좌하는 관리 업무를 하며, 연출자가 녹화 시 필요한
모든 것을 가능하게 하도록 모든 것을 준비한다. 경우에 따라서는 연출이
부재 시 녹화 업무를 진행하기도 한다.

📺 작가와의 관계

드라마상의 내용보다는 대본의 출고와 특별한 상황에 대한 체크를 미리
하고, 극의 내용으로 연출자와 작가가 갈등 시 중재 역할을 하기도 한다.

🎬 연출자와의 관계

드라마의 처음부터 마지막까지 연출자와 함께 진행 및 제작을 하면서 연
출자를 대신해 발생하는 각종 민원에 대한 창구 역할을 진행한다.

연출자와 조연출은 흔히들 '동반자' 또는 '애인'처럼 지내야 한다는 말이
있듯이 조연출은 연출자의 심리나 건강 상태 등 세세한 부분까지 살펴보며
미리 준비하고 대처해 나가야 한다는 의미이다.

왜냐하면 연출자의 작은 움직임 하나가 드라마 제작에 상당한 영향을 줄 수도 있기 때문이다.

아직까지 드라마 제작에 있어서 조연출이 연출하는 방법을 배우는 것은 일정한 이론이나 짜여진 틀에 의해서가 아니라 많은 경험에서 터득되는 '도제 시스템'에 의해 전수되고 있는 실정이다. 특히, 드라마 제작 여건이나 연출자의 지시로 야외 녹화의 일부를 연출하기도 하고, 드라마의 후반부에 연출자의 배려로 스튜디오 녹화의 일부를 진행하기도 한다.

조연출의 업무 중 스튜디오 녹화 시 진행을 리드하는 모습이다. 상호 통신이 가능한 인터컴으로 부조정실 연출자의 지시와 의도를 정확하고 간결하게 정리하여 연기자 전달하고 녹화 시 신속한 진행을 해야 한다.

▲ 스튜디오에서 조연출의 진행 모습

🌸 연기자와의 관계

연출자와 함께 연기자에 대한 전반적인 관리와 연락을 취하면서 드라마 제작 시보다 원활하게 진행되도록 관리 감독한다. 예를 들어, 드라마를 시작하기 전에 특히 주인공급 연기자에게는 드라마 콘셉트에 따르는 스타일과 준비 과정 등을 수시로 연락해서 체크한다. 젊은 연기자는 주로 매니저를 통해 연락하고, 중견 연기자의 경우는 직접 연락하기도 한다.

⭐ 출연자의 섭외

기본적으로 연출자와 함께 모든 배우의 캐스팅에 참여하고 협의하여 진행한다. 조연급이나 드라마의 중간에 필요한 단역 배우의 캐스팅은 조연출이 직접 하거나 캐스팅 디렉터를 통해 선발하기도 한다.

🎥 녹화 스케줄 관리

조연출의 가장 큰 업무로, 야외 제작의 경우에는 합리적인 스케줄이 제작비를 절약하는 기본이 되기 때문이다. 야외 촬영 스케줄에서 가장 크게 비중을 두는 것은 연기자의 스케줄이고 두 번째가 촬영 장소의 여건과 이동 시간이며, 여름의 경우에는 날씨 등을 고려해 스케줄을 정한다.

여름에 장마나 비가 내리는 날씨에서는 장비나 세트가 물에 젖어 촬영을 진행할 수 없다. 또한 맑은 날 대본상의 비가 내리는 장면은 대형 살수차를 빌려서 연기자 주위에만 비처럼 뿌리는 것으로 진행한다.

📺 미술 디자이너와의 관계

스튜디오 녹화 시 가장 신경을 많이 쓰는 것이 세트이다. 스튜디오의 세트가 녹화 시 문제는 없는지 제대로 설계되었는지 등을 리허설 전에 반드시 살펴보고 이상 시 바로 조치를 취해야 한다.

🎞 진행 감독(FD) 간의 관계

진행 감독은 조연출과 가장 많이 접하고 일을 하기 때문에 조연출의 성향에 맞는 스태프를 선정하고 연출자의 추인을 받아 일을 한다.

주로 조연출과 FD가 근무를 하며 방송 개시 두 달 전에 스튜디오 근처의 사무실을 배정받아 사용한다.

▲ 연출부 사무실

방송이 나간 이후
프로그램의 수출이나
여러 이유로 대본이 필요한
경우를 위해 사무실에
지난 방송 대본을
준비해 놓는다.

▲ 지난 방송 대본을 비치한 모습

🎥 방송 편집

조연출은 편집자와 연출자의 확인이 끝난 영상을 종합 편집실에서 음악, 효과, 자막, 색 재현을 통하여 완제품을 만든다. 대략 35분의 일일극의 경우 1시간 내외의 시간이 소요되며 이틀에 걸쳐 완제품을 만든다.

⭐ 예고 편집

드라마 엔딩이 끝나고 다음 회에 방송될 예고를 제작한다. 일일극의 경우 30~40초 전후의 예고 영상을 만드는 데 개인차는 있지만 한 편 제작에 2~3시간 정도 소요된다.

대본을 통하여 다음 회에 방송될 주요 장면의 콘셉트를 결정하고 영상과 음향을 정리하여 완성 예고를 제작한다.

🎥 PPL 관련 업무

기본적인 메인 PPL은 관련 담당자가 진행하고 부분적인 PPL의 경우에는 작가진과 의견을 나누면서 대본의 어느 장면에 어떻게 상품이나 로고가 자연스럽게 노출되면서 드라마로 만들어질 것인가에 대한 논의를 한다.

그리고 PPL이나 기타 간접 광고의 노출에 대한 시간 계산을 정확하게 체크하여 방송 심의에 맞게 제작하고, 불필요하게 노출된 PPL은 편집 시 CG 등으로 처리하는 작업도 한다.

제작 발표회 준비

- 일반적으로 주로 조연출이 방송사 홍보 팀과 함께 방송 일주일 정도 전에 호텔이나 기타 방송사 내의 이벤트 홀을 임차해 제작 발표회를 준비하는데, 조연출은 기본적인 예고 영상의 준비와 연기자 등의 스케줄에 대한 연락 등을 담당한다.
- 제작 발표회는 남녀 주인공을 비롯하여 주요 연기자와 연출자 그리고 작가 등이 참석하며, 포토 타임과 제작 기획에 관한 전반적인 설명과 드라마를 준비하는 연기자의 마음가짐을 기자들에게 이야기하고 기자와의 일문일답을 진행한다.

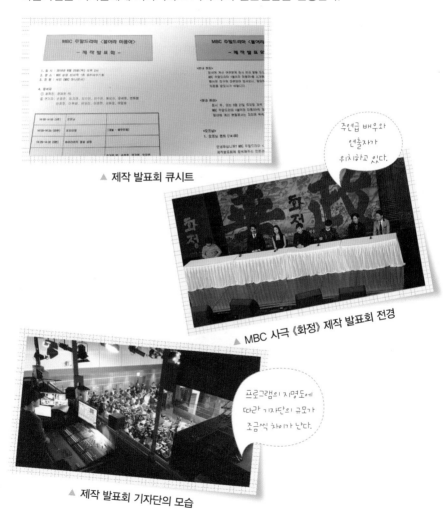

▲ 제작 발표회 큐시트

주연급 배우와 연출자가 위치하고 있다.

▲ MBC 사극 《화정》 제작 발표회 전경

프로그램의 지명도에 따라 기자단의 규모가 조금씩 차이가 난다.

▲ 제작 발표회 기자단의 모습

진행 감독(FD)

연출 파트의 숨어 있는 아름다운 '꽃'이다. 화려하지도 않고 잘 보이지는 않지만
모든 스태프가 가장 많이 찾으며, 현장에서는 가장 바쁘게 움직이는
살아있는 제작 스태프이다.

🎥 기본 업무

드라마 제작에서 연출자와 조연출이 관여하지 않는 모든 일에 대해 처음부터 끝까지 관리 감독을 하는 업무로, 드라마의 숨은 꽃이라고도 말할 수 있다. 드라마의 시놉시스의 파악과 기본적인 스태프가 구성되면 녹화의 전반적인 스케줄, 연기자와 야외 스태프에 대한 연락, 분장, 의상, 헤어 등의 관리도 함께 진행한다.

📺 진행 팀의 구성

연출자와는 대략 드라마를 시작하기 2개월 전에 첫 미팅을 하는데, 연속극의 경우에는 3명 내외로 구성되고 미니 시리즈의 경우에는 2팀이 동시에 촬영을 진행한다면 6명으로 구성된다.

🎞 연기자의 관리

기본적으로 중견 연기자는 직접 연락하고, 기획사 소속의 연기자는 매니저를 통하여 전반적인 스케줄에 대해 연락한다.

✹ 스튜디오 녹화 진행

녹화는 조연출과 진행 감독(FD)이 교대로 진행하며 부진행자(보조 FD)는 스튜디오와 대기실의 연기자를 컨트롤하며 녹화에 임한다.

녹화 시 항상 카메라의 위치나 마이크 붐의 위치를 파악해 최적의 위치에서 연기자에게 큐사인을 주어야 한다.

▲ MBC저녁 일일극 FD 진행 모습

☆ 스튜디오 스케줄 조정

기본적으로 장면 순서대로의 진행을 원칙으로 하는데, 다음과 같은 내용을 체크하며 스케줄을 정리한다.

연기자의 의상 교체 유무와 분장의 교체 유무를 우선으로 하고, 연기자의 컨디션, 아역 연기자나 갓난아이 등의 관리를 생각하며 조정한다. 경우에 따라서는 세트를 바꾸거나, 특별 출연하는 연기자에 대한 배려도 고려하고 녹화 시 극의 흐름이 끊어지지 않도록 하는 것에 대한 정리도 담당한다.

특히, 출연 연기자의 컨디션을 잘 파악하여 스케줄을 탄력적으로 조절해 진행을 해야 한다.

▲ FD가 전체 스태프에게 고지하는 단톡방의 내용

🎥 야외 스케줄 관리

　주로 메인 FD가 스케줄을 관리한다.

　야외 스케줄을 결정할 때는 첫째로 날씨를 가장 중요시 하는데, 그 이유는 야외에서 비나 눈이 내리면 촬영을 진행할 수 없기 때문이다.

　둘째로 장소의 선정인데, 최근 야외 촬영 장소는 아무 때나 촬영이 가능한 것이 아니고 특정한 시간이나 요일로 한정되어 있기 때문에 장소 스케줄에 연기자의 스케줄도 함께 조정해야 한다. 특히, 학교나 공공장소의 경우에는 주말에만 촬영이 가능하기 때문에 장소에 따른 스케줄 조정에 많은 신경을 써야 한다.

　셋째로 연기자 스케줄인데, 일반적으로 주인공급은 제작 기간 중의 모든 스케줄을 이 드라마에 맞게 조절이 가능하다. 그러나 중견급 연기자는 극의 초반에 기존 드라마의 촬영 스케줄과 겹치는 경우가 있어서 촬영 스케줄에 많은 신경을 기울여야 한다.

로케이션 매니저 (장소 섭외)

보이는 모든 사물은 섭외의 대상이다. 스튜디오 밖의 모든 장소를
제작 스태프의 입장과 상대방의 입장을 고려해서 드라마에 맞게 조율하고
이끌어 나가는 업무이다.

🎥 기본 업무

스튜디오를 제외한 모든 실내외 촬영 장소에 대한 사전 답사를 통하여
녹화 시 장소에 대한 편의를 제공하는 일을 한다. 그래서 로케이션 매니저
라고 표현하기도 한다.

섭외 담당은 신입이 하기보다는 드라마의 진행에 대한 감각이 있는 FD나
외부 조연출 출신이 많다.

📺 시놉시스 체크

시놉시스를 체크한 후 주인공 등이 가장 많이 등장할 촬영 장소를 2~3
개 정도 선택하여 사전 답사(헌팅)를 하고 사진을 촬영하여 연출자에게 자
료로 제공한다. 장소에 따라 문제가 되지 않는 한도 내에서 드라마의 내용
이 약간 변경되기도 한다.

🎞 사전 답사의 조건

첫째, 드라마의 콘셉트에 대한 적합성이 장소 섭외에 있어서 가장 중요한
요소이다.

둘째, 장소 간 이동 거리가 가능한 짧아야 한다. 최근 야외 촬영 여건상 이동 거리가 길면 촬영할 수 있는 시간이 그만큼 적어지기 때문이다.

셋째, 주변의 민원이나 주차의 문제가 없어야 한다. 촬영 시 소음으로 인한 주민의 민원이 없어야 하고, 촬영 시 기본적으로 연기자의 차량을 포함해서 15대 전후의 차량이 주차를 해야 하기 때문이다. 특히, 여름에 차량의 에어컨을 가동시키기 위해서 엔진 시동을 걸어 두게 되는데, 이에 따른 소음과 매연이 민원의 대상이 되기도 한다.

골목이 좁아 차량의 통제가 용이하고 주택가이기 때문에 자동차 소리 등의 생활 소음이 적어 녹화하기 좋은 환경이다.

▲ MBC 일일극 《다시 시작해》에서의 야외 골목

야외 녹화 시 스태프 차량이나 대형차는 대로변에 주차한다. 민원의 발생이 적고 비교적 넓은 도로에 차량의 통행이 한적한 장소를 섭외한다.

▲ 대로변에 차량을 주차해 놓은 모습

🏵 장소 헌팅

장소에 대한 최종 답사는 연출자, 촬영 감독, 조명 감독, 미술 디자이너, 작가, 소도구 팀장, 스크립터 등 10명 안팎의 촬영 선임자가 참여하는데, 주변의 여러 여건 등을 꼼꼼하게 체크한다.

⭐ 장소 섭외료

장소 섭외는 늘 어려움이 따른다. 최근에 종편과 같은 방송사가 많이 생겨나고 드라마의 스케일도 커지고 있지만, 장소 사용에 대한 어려움은 현실이다.

꼭 필요한 장소에서의 촬영을 위해서 일정 금액을 지불하고 장소를 사용하기도 한다. 또한 드라마의 콘셉트에 따라 대형 백화점 등은 사전에 논의하여 실내의 일부를 사용하기도 하는데, 백화점 외부 촬영은 수시로 진행하지만 백화점의 실내 촬영은 영업이 끝난 야간이나 백화점의 휴일에 진행한다.

종합병원의 수술실 및 응급실, 교도소의 복도 경찰서 내부, 법정 같은 특정한 장소는 실제로 빌리기가 매우 어렵기 때문에, 최근에는 상설로 세워진 임대 세트에 비용을 지불하고 촬영하기도 한다.

중환자실이나 법정 등은
장소를 빌리기 어렵기 때문에
고정으로 설치된 세트장을
임대해 녹화를 진행한다.

▲ 법정 임대 세트(세트 위쪽에 트러스 구조물과
조명 등기구를 설치한 모습)

▲ 파주 원방 스튜디오 전경(기본적인 외부 전경을 병원 입구로 설계)

▲ 원방 스튜디오 내의 응급 병동 장면

🎥 현장 전기의 사용 유무와 망실 처리

장소를 제공해 주는 대여자의 성향에 따라 전기 사용을 협조해 주기도 하지만, 기본적으로 모든 촬영 장소의 전원은 조명 발전기 사용을 원칙으로 한다.

촬영 중 스태프나 기타 사고나 실수로 인하여 기물에 손상이 발생하는 경우에는 현장에 나와 있는 제작 PD가 이에 대한 비용 처리를 우선적으로 한다.

스크립터

야외나 스튜디오 녹화 시 연출자의 모든 언어를 정확하게 기록하는
'속기사'와 같은 일이다. 녹화 시 기록한 내용을 편집자에게 전달하는 업무이고
야외와 스튜디오 연결 장면에 대한 메신저이기도 하다.

🎥 주요 업무

스튜디오와 야외에서 촬영한 장면의 여러 상황과 체크 포인트를 별도의
대본에 빠짐없이 체크해서 편집 보조나 편집자에게 전달하는 업무이다.

이 업무는 주로 여성이 진행하는데, 대본은 물론 주위의 여러 분위기 등을
챙기는 것이 남자보다 섬세하고 꼼꼼히 체크하기 때문이다.

📺 연출자와의 관계

야외나 스튜디오 제작 시에 연출자가 구두로 지시하거나 강조한 내용을
대본에 자세하게 메모한다. 특히, 녹화 장면 중에서 연기자의 감정이나
연기력에 대한 전달은 물론 연출자가 순간 놓치는 장면의 내용도 꼼꼼히
체크하여 편집자에게 전달한다.

🎞 대본 체크

시놉시스에서부터 연습 대본 그리고 콘티 대본까지 숙지해 연기자의
캐릭터 파악과 감정선을 체크한다. 특히, 작가가 대본에 표시한 지문 등을
분석하여 녹화 시 연출자나 연기자에게 직·간접적으로 전달하기도 한다.

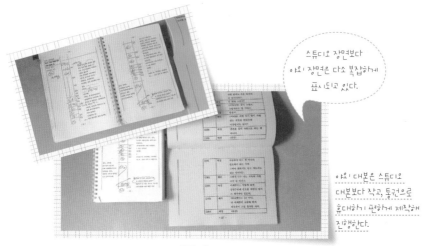

스튜디오 장면보다 야외 장면은 다소 복잡하게 표시되고 있다.

야외 대본은 스튜디오 대본보다 작고 통권으로 휴대하기 편하게 제작해 진행한다.

▲ 대본 체크

✿ 연기자의 체크

대사 이외에 연기자의 분장, 헤어, 의상, 액세서리까지 모든 것을 대본의 앞과 뒤가 제대로 연결되어 진행되고 있는지를 정확하게 파악해서 녹화 시 연출자나 무대 진행자에게 전달한다.

특히, 야외 장면에서 스튜디오로 장면이 연결되는 연기자의 경우는 해당 코디네이터와 함께 연기자의 의상이나 머리 스타일, 장식 등을 꼼꼼하게 체크한 후 녹화에 임한다.

장면 연결을 위한 연기자의 상태를 대본에 체크한다.

▲ 스튜디오 녹화 시 대본에 연기자의 디테일한 장면을 대본에 체크하는 장면

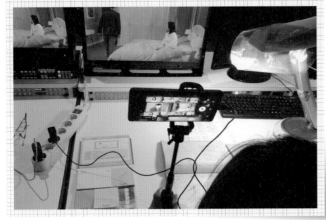

드라마 녹화 시 스크립터는 서버에 녹화되는 화면을 별도의 카메라에 담아 확인하고, 녹화 시 문제가 되는 장면을 즉석에서 체크하여 재촬영 또는 수정 보완에 대해 판단한다.

▲ 스크립터 석의 별도 녹화 모습

★ 진행 감독과의 관계

연기자의 연결 장면에서 문제가 되는 것에 대한 체크를 전달하기도 하고, 기본적으로 스튜디오에서 앞뒤 장면의 연결이 맞지 않은 경우나 야외 장면과 스튜디오 장면에서 문의 손잡이나 방향 등에 대해 체크해 전달한다.

경우에 따라서는 야외 장면과 스튜디오 장면을 사진으로 촬영해 두었다가 참고하기도 한다.

🎥 편집 감독과의 관계

녹화 종료 후 편집실에 방문하여 체크 대본과 함께 녹화한 테이프나 파일 등의 내용을 전달한다.

특히, 녹화 시 불필요한 장면이 불가피하게 촬영된 경우는 CG 처리하여 지울 부분에 대해 정확한 설명과 시간 체크를 전달하는데, 대부분의 경우는 메인 편집 감독보다는 부편집자(편집 보조)에게 전달하고 있다.

촬영한 내용 중에 편집 시 반드시 알아야 할 내용을 정확하게 전달하기 위해서는 전화보다 문자를 이용한다.

📺 녹화 감독과의 관계

주로 스튜디오 녹화 시 처음부터 녹화 종료 시까지 함께 근무하며, 여러 대의 카메라가 정상적으로 녹화되고 있는지 확인하고, 문제의 장면에 대해서는 공동 확인과 녹화 후 NPS실까지 송출에 대한 업무를 진행한다. 녹화 감독과 상호 유기적인 팀플레이가 요구된다.

🎞 미니 시리즈와 연속극의 차이

연속극과 미니 시리즈 간에 큰 차이는 없으나 특징이 있다면 미니의 경우에는 짧은 시간에 100% 야외 녹화로 진행되기 때문에 보다 강한 체력이 요구되고 미니의 경우에는 촬영과 방송이 거의 동시에 진행되므로 항상 긴장해야 한다.

스크립터가 야외 촬영시
낮 장면 모니터링은
주변이 밝기 때문에
모니터 위에 그늘을
과감솔을 기본적으로
설치하고, 때에 따라
모니터 위에 태양광을
막기 위한 검은 천을 씌워
사용하기도 한다.

▲ 야외 촬영 모니터링하는 모습

 **편집**

연출자가 생각한 영상의 키워드를 정확히 파악하여 그림으로 만드는 업무이다. 대본과 촬영된 영상을 가지고 연출자의 생각을 극대화해 그림을 더하고 빼면서 더 멋진 영상을 만들어내는 업무이다.

🎥 기본 업무

촬영한 드라마를 종합 편집실로 보내기 전 단계의 모든 편집을 말하며 1차 편집이라고도 한다. 이를 통해 대본에 있는 지문과 콘티는 영상을 중심으로 더 극적이고 재미있게 시청자에게 전달된다.

📺 편집인의 구성

연출자는 본인과 호흡이 잘맞는 편집자를 선호하는데, 최근에는 제작사가 편집자를 선임하기도 한다. 일반적인 드라마는 편집자(일명 편집 기사) 1명에 부편집자(일명 편집 보조) 1명으로 구성하고, 미니 시리즈의 경우에는 촉박한 일정을 소화하기 위해 부편집자와 편집자를 연결하는 중간 단계의 편집자를 두기도 한다.

🎞 부편집자 기본 업무

부편집자(편집 보조)는 야외에서 촬영한 파일이나 테이프를 변환(인제스트)하는 업무와 스튜디오에서 촬영해서 서버로 전송된 파일 화면을 대본 순서대로 편집하는 업무를 진행한다.

편집자는 부편집자가 보내온 순서를 기본으로 본 편집을 진행한다. 본 편집이 끝나면 연출자가 직접 또는 웹하드를 통해 편집된 영상을 확인한다. 편집이 끝난 영상은 부편집자가 음향, 효과, 음악, 색 재현 팀에게 보낸다.

드라마 촬영이 시작되면 개인 편집실을 배정받아 편집을 진행하게 된다.

▲ 상암 MBC 드라마 편집실

▲ 아비드를 사용하여 1차 편집을 하고 있는 장면

☙ 스크립터 관련

스크립터는 편집 시 부편집자가 가장 많이 의견을 교환하는 스태프로서 부편집자가 콘티 대본을 읽고 스크립터가 꼼꼼히 체크한 대본과 영상을 토대로 순서 편집을 진행한다.

순서 편집 시 궁금한 사항은 수시로 스크립터에게 연락해서 시행착오를 줄이는 확인 작업을 한다.

★ 연출자와 관련

편집자와 연출자는 녹화 전부터 많은 대화를 통하여 연출자가 요구하는 편집의 방향과 연기자의 감정에 관한 부분을 체크한다.

연출자가 명확한 콘티로 제작한 것을 편집실로 보내 주면 더 정확하게 편집을 진행할 수 있는데, 다소 애매한 영상이 편집실로 오게 되면 편집을 하는데 곤란을 겪게 되는 경우가 있다. 특히, 영상의 컷이 짧거나, 연기자의 호흡이 짧은 경우에는 편집에 많은 시간과 노력이 필요하다.

☙ 조연출과의 관련

편집자는 조연출에게 드라마 전반적인 분위기와 앞으로 전개될 내용과 연출자가 전달하지 못한 편집 방향 등에 관한 대화를 교환함으로써 편집에 대한 큰 흐름을 잡아 나가기도 한다.

○ CG 관련

부편집자는 스크립터가 표시해 놓은 불필요한 장면의 시간을 정확하게 표시해 CG 담당자에게 전달한다.

예를 들어, 마이크의 그림자나 마이크 또는 카메라의 일부라도 드라마의 장면 속에 출현되거나 세트의 노출 등에 대해 분명하게 전달해야 한다.

 # 프로듀서

연출이 원하는 재정에 관한 제작 환경을 100% 도와주면서
드라마의 성공을 위해 대외적인 활동을 하며, 시청률 좋은 드라마를 만드는 것과
제작비 절감이라는 두 마리 토끼를 추구하는 업무이다.

🎥 기본 업무

프로그램의 전반적인 기획과 관리, 그리고 예산 통제와 흥행여부에 대한 모든 것을 연출자와 함께 진행한다. 야외나 스튜디오에서 드라마 제작을 진행 시 사용되는 모든 제작 비용을 관리하고 집행하며, 제작 PD라고도 한다.

외주 제작사의 경우에는 스튜디오나 야외에서 진행되는 외부 임차비에 대하여 직접 사인하고 체크한다.

🎬 연출자와의 관계

스튜디오나 현장에서 연출자의 진행이 제작비 발생의 중요한 요소이기 때문에 프로듀서 연출자가 최상의 컨디션으로 제작을 진행하게 지원해야 한다.

연출자의 모든 컨디션이 드라마 진행에 있어서 가장 중요한 변수이므로 현장과 스튜디오를 방문해서 확인하면서 진행한다.

야외 현장에는 라인 PD가 항상 스탠바이 하고 있다가, 녹화 시 발생하는 여러 가지 비용을 바로 집행하기도 한다.

❀ 대본 체크

시놉시스 체크를 통해 전체적인 예산의 규모를 정한 후 대본이 출고되면 섭외 담당자와 조연출과 상의하여 전반적인 드라마의 야외 촬영 스케줄을 조정한다. 또한 연기자의 스케줄과 야외 녹화 장소와의 이동 거리에 대한 최적의 스케줄로 장소와 이동에 소요되는 비용을 최소화 시키는 작업을 한다.

❀ 예산 관계

10여 년 전부터 연출자는 연기자의 캐스팅과 프로그램에 대한 연출에만 전념하고, 프로듀서는 프로그램의 제작에 필요한 예산 관리와 진행을 하는 체제로 진행되고 있다.

드라마 제작비의 60~70% 이상이 작가의 원고료와 배우의 출연료로 지출되기 때문에 드라마 제작에서 가장 중요한 것이 캐스팅이라 할 수 있다.

연출자는 되도록이면 좋은 연기자를 섭외해서 작품의 완성도를 높이려는 노력을 하고, 프로듀서는 타이트한 제작비를 생각해서 출연료가 높지 않은 연기자를 캐스팅하길 바란다.

앞에서도 언급하였지만 일반적으로 작가의 원고료와 배우의 출연료가 전체 제작비의 60% 정도로 산정되면 비교적 원만한 제작을 진행할 수 있으나, 전체 제작비의 70~80%가 되면 가용할 수 있는 제작비가 적어 녹화 시 작업이 매우 힘들어진다.

그러므로 프로듀서는 연출자와 협의하여 제작비 규모에 맞는 연기자에 대한 캐스팅에 노력해야 한다.

▲ 드라마 기획서의 예산 관련 일부

2. 미술 관련

드라마에서 화면에 보이는 것은 연기자와 배경이다.
그 배경과 연기자를 보다 사실감 있고 빛나게 만드는 것은 미술이다.

# 세트 디자이너

연출자나 작가가 생각하는 이상적인 공간을 현실적으로 세트로 설계하는 일이다.
스튜디오의 제한적인 공간을 통하여 사실적인 세트를 드라마 녹화 환경과 카메라를 통해
자연스럽게 세트로 구현하는 예술적인 업무이다.

🎥 기본 업무

세트 디자인 업무는 미술 감독의 범주 안에서 가장 큰 역할을 하는 업무
로서 제작되는 프로그램의 콘셉트와 용도에 맞도록 기본 공간을 구성 및
디자인하고 감리 및 감독하는 역할을 담당한다.

참고로 미술 감독은 '프로덕션 디자인'이라고 표현할 수도 있으며 세트,
소도구, 분장, 의상 그래픽 등 시각적으로 표현되는 모든 요소에 대한 관리
감독을 말하기도 한다.

기본적인 공간 연출(세트)에 대한 설계는 연출자의 의도와 프로그램의
성격에 따라 설계되며, 이 공간 연출이 바로 촬영의 기본 재료가 된다. 따라
서 연출자가 프로그램을 기획하고 준비하는 과정에서 가장 먼저 만나면서
가장 많이 상의하는 스태프가 바로 세트 디자이너이다.

📺 필요한 역량

세트 디자이너는 세트 구상 시 프로그램의 시청자 층에 대한 분석을 잘
해야 한다. 어느 시간대에 누가 시청하느냐에 따라 세트의 배경과 질감이
달라지기 때문이다.

세트 디자이너는 드라마, 쇼, 예능, 보도, 스포츠, 시사 교양 등 방송 장르의 모든 영역을 담당한다. 그들은 해당 프로그램의 미술에 대한 전반적인 작업을 다루며, 프로그램 제작 시 촬영의 기본 재료가 되는 무대의 시각적인 부분을 총괄하여 연출에게 의뢰된 프로그램의 콘셉트와 자료에 따라 세트의 디자인부터 감리, 감독 및 진행 전반을 담당한다. 그래서 카메라, 조명, 기술 등 촬영 전반에 대한 폭넓은 지식과 이해가 요구되며, 각 분야의 사람들과 협의하고 결정을 내려야하는 일이 많기 때문에 원활한 소통 능력과 빠른 판단력이 요구된다.

또한 세트 디자이너로서의 기본적인 감각과 스케치 능력도 요구되며, 최근에는 컴퓨터 TOOL을 사용하는 경우가 많기 때문에 컴퓨터 운용 능력도 요구된다. 그리고 다른 제작 관련 분야에 비해 많은 예산을 집행하기 때문에 제작비에 대한 절감과 효과적인 예산 운영에 대해 늘 신경을 써야 한다.

일반적으로, 미술 세트 팀의 구성은 미술 감독, 세트 디자이너, 보조 디자이너로 이루어지며 프로그램의 규모와 성격에 따라 다수로 구성된다.

⑧ 드라마 세트 디자이너 업무

드라마 제작 시 촬영의 모든 배경을 책임지는 업무를 말한다.

드라마의 경우에는 시놉시스를 기초로 하여 연출자와 작가들과 협의하여 기본적인 세트 구상을 하고, 미니시리즈의 경우에는 일반적으로 방송사의 스튜디오보다 외부 스튜디오를 임차해 해당 드라마 종영 시까지 세트를 고정으로 설치해 운용한다. 세트는 될 수 있는 대로 사실에 가깝게 설계한다.

주말극이나 일일극의 연속극인 경우에는 매주 세트의 설치와 분해가 반복되기 때문에 해당 스튜디오의 기능에 맞게 설치와 분해와 이동이 될 수 있는 대로 쉽게 제작한다. 연속극에서 드라마 세트는 기본적으로 매주 일정하게 진행되기 때문에 중간에 크게 변동되는 일은 없지만 매주 조립과 해체가 반복되고, 더욱 나은 영상을 만들어 내기 위해 녹화 당일 현장 참여하여 세트의 마감이나 수정 등 미진한 부분에 대해 늘 점검해야 한다.

● 세트 디자인의 업무 흐름도

> 작가 및 연출자로부터 시놉시스 또는 대본을 받아
> 미술에 대한 전반적인 일정과 진행에 관해 협의

⬇

> 대본 분석을 통해 장소와 인물의 특성을 분석하고 연출자와 대본 해석

⬇

> 작가와 연출자의 의도를 분석하고 프로그램 성격에 맞는
> 미술 콘셉트를 설정 및 제안하고 의견을 조율하여 결정

⬇

> 연출, 촬영, 조명 스태프 등과 함께 로케이션 매니저가 섭외한 촬영 장소에 대한
> 헌팅을 물색하여 결정하고 주변 상황에 대하여 연출자와 협의

⬇

> 세트 디자인에 대한 전반적인 자료를 수집하여 디자인에 반영

⬇

> 소도구, 의상, 분장, 미용 콘셉트와 운용에 대하여 사전 조율 후
> 연출자에게 제시하고 의견을 반영하여 최적화할 수 있도록 조정

⬇

> 스튜디오나 야외 오픈 세트를 가설계나 시뮬레이션 작업을 토대로
> 세트 제작 팀에게 설명하고 제작을 지시

⬇

> 자체 제작이 곤란한 세트는 외주 제작 회사에 발주하여 진행

- 작가와 연출자의 의도를 분석하고 프로그램 성격에 맞는 자료를 수집하고 분석하여 제안하고 의견을 조율하여 미술 콘셉트 협의를 통해 결정한다.
- 로케이션 매니저가 섭외한 촬영 장소에 방문하여 연출, 촬영, 조명 스태프 등과 함께 주변 상황 및 촬영 스케줄 및 사용될 비용에 관하여 협의한다.
- 협의된 미술 콘셉트를 바탕으로 세트 디자인에 대한 전반적인 자료를 수집하여 디자인을 구체화한다.

📺 시놉시스와 연출 관계

세트 디자이너로 배정을 받으면 연출자와 미팅 전에 제작진에서 보내준 시놉시스를 충분히 읽고 세트에 대한 기본적인 구상을 한다.

드라마에 출연하는 배우의 배경, 성격, 가족의 구성, 생활 패턴 등 모든 조건에 대해 체크한다.

사극의 경우에는 거의 1년 정도 전부터 준비를 시작해야 하고, 해외 로케가 있는 경우에는 촬영 여건이나 야외 세팅 컨디션에 따라 준비하는 기간에 많은 변수가 따를 수 있다.

기본적으로 미니 시리즈의 경우에는 3개월 전후, 연속극의 경우에는 2개월 전에 첫 미팅을 갖는다.

시놉시스를 통하여 체크된 내용을 토대로 야외와 스튜디오에 대한 세트를 어떻게 구성할 것인가에 대해 논의한다.

어떤 장소를 야외로 하고 어떤 장소를 스튜디오로 할지에 대한 개략적인 의견을 교환하고, 현대극의 경우에서 마당과 골목을 세트로 할지 야외로 할 것인지에 대한 결정을 한다.

🎞 현장 답사

스튜디오 세트는 야외 세트의 연결이기 때문에 야외 드레싱이 벌어지는 경우가 많은 장소인 경우 미술 디자이너의 현장 답사는 필수이다.

드라마 성격에 맞는 야외의 집을 로케이션 매니저(장소 섭외 담당자)가 정리한 여러 후보지를 연출자와 함께 답사를 통해 결정하고, 주변 경관을 자세하게 촬영해야 한다.

특히, 야외 촬영할 집의 대문의 재질과 현관문의 모양 및 문고리 손잡이의 방향에 대해 정확하게 체크하여 스튜디오 세트 제작 시에도 똑같이 제작하여 틀리지 않게 해야 한다.

골목 장면의 경우에는 주변의 집과 세트 제작 시 구현할 집의 형태에 대해 많은 연구를 해야 한다.

✿ 세트 예산과 구성

답사를 통해 세트에 대한 구상을 마친 후 2D나 3D로 가상 세트를 설계해 본다. 그리고 세트 스타일리스트와 함께 세트에 맞는 인테리어나 가구 등에 관한 구상을 진행하고 기본적인 예산을 수립한다.

시놉시스에 대한 연출자와의 상의, 그리고 현장 답사를 마친 이후 세트에 대한 기본 설계를 진행한다.

미니 시리즈의 경우에는 일반적으로 외부 임차 스튜디오에 고정 세트로 설계를 하는 편으로 스튜디오 내 세트의 면적은 대략 1,500평(500평 3개의 스튜디오 운용) 정도로 진행하고, 일일극이나 주말극의 경우에는 고정 세트 없이 방송사 내 스튜디오에 약 600평 내외(2개의 스튜디오 운용)에서 세트 배치 설계를 하게 된다.

MBC에서는 미니 시리즈의 경우에는 외부 스튜디오 세트를 사용해 드라마가 끝날 때까지 사용하고, 일일극이나 주말극의 경우에는 고정 세트 없이 스튜디오에서 2개의 스튜디오를 사용하거나 한 스튜디오를 이틀 간 배정받아 진행한다.

고정 세트는 비교적 촬영의 편의성보다는 세트의 심미성에 비중을 두고 제작하기 때문에 비용이 많이 필요한 편이고, 내부 스튜디오용 설치 철거 세트는 비교적 촬영의 편의성(설치 및 철거시간 촬영동선 등)에 비중을 두고 제작하기 때문에 고정 세트에 비해 비용이 적게 든다.

★ 배색에 대한 구상

세트 배색에 대한 구상은 기본적으로 대본 및 외부 촬영 장소의 콘셉트에 맞춰 미술 감독이 결정하고 연출자와 협의를 통하여 확정한 후 세트 스타일리스트와 함께 공유한다.

사용할 협찬 가구의 색과 드라마 성격에 맞는 그림 등의 배색을 기본으로 결정한다. 특히, 사극에서 상석에 앉아서 연기할 때 배경 세트 결정은 중요하다.

이때, 대형 병풍으로 처리할 것인지 아니면 작은 창문으로 처리할 것인지의 결정은 연출자와 상의하여 정리한다. 왜냐하면 병풍 배경과 창문 배경은 상석에서 연기하는 연기자의 피부 톤과 영상에 밀접한 관계가 있기 때문이다.

최근 MBC 사극은
상석에 병풍대신
창문으로 처리를 많이 한다.

▲ 사극 《옥중화》의 창문 세트 장면

🎥 예산에 대한 협의

예산은 가설계를 마친 이후 산출된 미술 세트 비용을 드라마 제작사에게 통보하여 결정한다. 기본 예산보다 넘치는 부분은 기본 세트를 변경하지 않고 빈도가 약한 세트에 대한 소도구를 구입하거나 세트 제작 비용을 절약하기도 하고 추가 예산을 확보하여 진행하기도 한다.

드라마 제작 후반부에 극의 내용에 따라 추가로 세트가 필요한 경우에는 스튜디오 공간과 예산 관계로 일정 세트를 야외 장면이나 기존의 세트로 변경하기도 한다.

📺 소도구 팀과의 협의

소도구 팀과는 세트 스타일리스트와 함께 협의하여 협찬 물품이나 소도구의 위치에 대한 결정을 한다. 세트 스타일리스트가 구상한 물건과 소도구 팀이 가지고 있는 소품을 드라마의 내용에 맞게 설치를 한다.

소도구는 기본적으로 연출자의 의도를 바탕으로 협의하여 노출이 빈번한 곳에 설치를 원칙으로 하며, 연기자의 동선과 배경에 지장을 받지 않는 곳에 설치함을 우선으로 하고, 사실감과 화면에 잘 나오는 곳에 비치한다.

기존 세트의 재활용

드라마가 끝나면 기존의 세트는 기본적으로 보관 장소의 부족으로 전면 폐기를 원칙으로 한다. 그러나 새 드라마를 제작하는 경우 초반의 회상 장면 등에 전작 드라마의 특정 세트를 리모델링하여 부분적으로 사용함으로써 세트 제작비를 일부 절감하기도 한다.

그리고 최근에 여러 드라마에서 많이 등장하는 일인 병실이나 중환자실 그리고 교도소 면회실 등의 세트는 항상 보관하여 두고 여러 드라마에서 조금씩 리모델링하면서 사용하면 제작비를 절약할 수 있다.

현대극과 사극의 차이

세트에서 현대극과 사극의 차이는 세트에 대한 협찬의 유무이다.

사극의 경우 세트에 대한 협찬을 받을 수가 없기 때문에 100% 순수 미술 제작비를 사용해서 제작을 해야 한다. 특히, 사극의 경우에는 사실감 있는 세트를 만들기 위해서 원목이나 단청, 바닥 등에 많은 예산을 투입해야 하지만 제작비의 예산 문제로 실제는 합판이나 단청 도배지 등으로 처리를 할 수밖에 없기 때문에 화면에 다소 아쉽게 연출되기도 한다.

야외 오픈 세트의 경우에는 지자체의 도움으로 세트 제작 시 일부를 협찬 받아 만들고, 드라마 종영 후 관광지로 활용하기도 한다.

단청 설계는
비용이 많이 들고
매번 세웠다가
철수해야 하기 때문에
주로 종이로 제작된 것을
사용한다.

▲ 사극 세트의 단청 모습

궁궐과 초가가
함께 있어서
사극의 모든
야외 촬영이 가능하고,
관광지로 활용하고 있다.

▲ 용인 '드라미아' 야외 세트장

☆ 미니 시리즈와 연속극의 차이

미니 시리즈는 고정 세트를 원칙으로 하고 연속극은 매주 설치와 반복을 하기 때문에 세트에 대한 완성도에서 많은 차이가 난다. 예를 들어, 화장실 타일의 경우 미니 시리즈에서는 실제의 타일을 부착하는데, 연속극에서는 도배지 형태의 타일을 부착한다.

세트 제작자(세트맨)

세트 디자이너의 설계도를 바탕으로 해서
나무로 드라마의 모든 배경을 만들어 내는 목공의 '창작소'이다.
나무로 만든 구조물로 골목과 집을 조립하고 분해하는 일을 담당하고
카메라를 통하여 보다 자연스럽게 보이도록 하는 업무이다.

🎥 기본 업무

세트 디자이너가 설계한 세트 설계도를 기본으로 실제 야외 현장을 근간으로 스튜디오 구조에 맞게 나무 등을 사용하여 사실감 있는 형태의 집과 마당이나 거실 등의 내부를 만드는 것을 말한다.

세트 제작의 입문은 세트 제작이나 설치를 가르치는 학과나 아카데미가 현재 전무하기 때문에 세트 제작에 흥미가 많은 사람이나 목공을 가르치는 직업 훈련 이수자가 세트 제작에 입문하게 된다.

📺 세트의 특징

드라마의 경우에는 스튜디오 내부 장면에 해당되는 세트는 스튜디오에 설치하고 전체적인 배경을 필요로 할 경우 야외에 세트를 설치한다.

주재료로는 목재와 합판으로 시공하며, 설치와 철거가 용이한 세트 시공 방법으로 한다.

방송사 스튜디오 세트의 특징은 설치, 촬영, 철거의 상황을 주기적으로 반복하고 매번 똑같이 설치할 수 있는 것이다.

🎞 세트 제작의 구분

세트 제작은 크게 세 개의 파트로 나누어지는데, 세트 디자이너의 기획과 도면 작업에 참여하는 기획 파트와 설계도에 따라 세트를 제작하는 제작 파트와 제작된 세트를 스튜디오에 세우고 철수하는 조립 파트로 구분된다.

♟ 세트 기획 파트

세트 디자이너가 설계한 도면을 접수하여 세트 팀장(담당 조장)을 정한다. 디자이너의 도면 설명을 통하여 세트 제작이 가능한 것과 수정이 필요한 내용을 파트별 담당자과 협의하여 진행한다.

세트 제작 팀장은 세트, 도배, 도장, 시트지, 작화, 전기 장식 등의 담당자와 구매 용품, 작업 인원, 재활용품, 공구 등을 협의하여 구매 요청 및 시방 기획을 정한다.

대본이나 시놉시스가 나온 후 연출자와 미술 디자이너가 콘셉트 회의를 진행한다. 장소 섭외 담당자가 선정한 야외 장소를 미술 감독이 현장 답사하여 결정되면 세트의 제작은 현관문 안부터 세트 디자인이 시작된다. 현재 드라마에서의 현관문의 방향과 동일하게 되어야 함이 중요하다.

⭐ 제작 파트

세트 제작에 편리한 제작 방법을 검토하여 부피나 무게를 결정하고 기초 조립에 용이하게 실무자가 세트 부분별 제작도를 작성한다.

손으로 부분 제작된 것을 설치가 용이하게 기초 조립을 하고 이음 부분 등에 대해 기초 마감을 한다. 스튜디오에 설치하기 전에 지하 세트 제작장에서 가조립을 해보고 나서 설치를 진행하고 문제점을 검토한다.

제작 도면을 근거로 도장, 도배, 시트지 등의 작업을 편리한 순서대로 작업하며, 조립 설치 시 불편하지 않게 세트의 크기나 무게를 정하여 제작한다. 창호는 기본적으로 구매, 협찬, 제작의 방법으로 정하며, 세트에 필요한 철 구조물이나 아크릴 가공, 유리 등은 외주 업체에 발주한다.

세트 제작 시 작업 공간이나 작업장의 분진 등을 줄이기 위해서 필요한 목재는 대패 가공을 하여 납품을 받는다.

정리 정돈이 잘된 세트 작업실에서 좋은 세트가 만들어진다.

▲ 정돈된 세트 작업실

신규 세트를 제작할 때는 스튜디오에 세우기 전 작업실에서 미리 세워 보고 문제점을 보완한 후 스튜디오로 이동하여 설치한다.

▲ 세트 작업실에 세운 신규 세트

🎥 기본적인 재료 각재와 합판의 비율

세트는 기본적으로 80% 이상의 나무와 10~20%의 철재와 플라스틱으로 구성된다.

나무는 합판과 각재가 대부분이고, 각재는 생목과 건조목(스프러스)을 섞어 사용한다.

건조목은 단가가 저렴하여 도배 등의 사용에 용이하나 못을 사용하기가 다소 불편하고, 생목(라왕)은 구입 단가가 건조목보다 다소 비싸지만 습기가 있어 자르거나 못을 사용할 때 유리하다.

📺 세트 설치 파트

첫째, 스튜디오 바닥에 도면에 의해 덧마루(니쥬)를 설치하고 해당 바닥 마감재를 깐다.

둘째, 세트 배튼에 천장 세트를 위치에 맞게 먼저 높이 올려놓는다.

셋째, 바닥과 천장 세트가 끝난 후에 각 파트별 중심부의 벽체를 시작점으로 정하고 순서대로 조립한다.

🎞 세트 작업

세트 작업은 기본적으로 2인 1조로 한다. 그 이유는 세트의 부피나 무게 때문이다.

예를 들어, 세트나 재료를 마주 들어야 할 때도 있고, 합판을 자르거나 밀차를 이용하여 운반할 때, 그리고 사다리를 이용하여 작업할 때 등 거의 모든 세트 작업 시 2인 1조로 하고 있는데, 업무 능률도 향상된다.

드라마 제작 여건상 세트의 설치와 철거 작업은 야간에 실시하는데 '세트 조립팀'이 담당하고 있다.

스튜디오 세트 촬영분에 대한 도면 설명을 듣고 기제작된 세트를 평면도대로 세우게 된다.

처음 시작하는 세트는 기본적으로 지하 세트실에서 미리 가설치를 해보고 나서 스튜디오에 설치한다.

최초 세트를 제작해서 세우는 경우에는 10시간에서 20시간 이상 걸리는 경우도 있으나, 일반적인 세트 제작에는 4~6시간이 소요된다.

창밖을 사진 세트나
무지 벽체 세트 등으로
처리하기 어려운 경우
흰색 부직포를 설치하여
바래루를 막는다.

▲ 세트 바래루를 막기 위한 흰색 부직포 처리

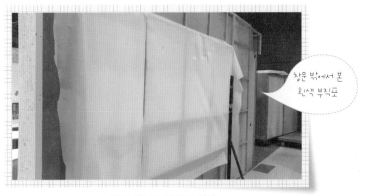

창문 밖에서 본
흰색 부직포

▲ 흰색 부직포 바깥쪽 처리

🌺 마감 과정(인테리어)

설치된 벽체에 도배와 시트지 도장 등 마감 작업을 한다. 그리고 카메라에 불필요하게 노출되는 부분(일명 '바래루')은 크기에 맞는 벽체로 가리고 도장이나 도배를 한다. 창문이나 유리문 사이로 보이는 곳은 야외와 어울리는 와이드 필름 배경 사진 세트를 설치한다.

전환 세트는 슬라이딩 세트를 이용하면 신속하고 편리하게 교체가 가능하다.

✪ 니쥬와 아시

니쥬는 '덧마루' 또는 '이중대'라고 하며, 아시는 '받침대' 또는 '받침목'이라고 한다. 하리는 '작은 돌출보'라고 하며 세트의 가로로 설치한다. 남마는 세트 좌우 가운데 천장에 설치하며 '가로보'라고 한다.

앞의 '바래루'도 그렇고 방송 관련 용어에는 아직까지도 일본말 표현이 많이 남아 있다.

앞으로 시간이 흐르면서 점차 순화된 용어가 방송계에 정착되기를 제작 관련 종사자의 입장에서 바라고 있다.

▲ 프로그램 제작 시 세트 바닥에 기본적으로 사용하는 받침목
(일명 아시라고 불리움.)

모든 세트 작업 시 기본적으로 설치하고 받침목의 폭은 15cm이다.

받침목의 폭은 30cm로 제작되어 있다.

▲ 세트 작업 시 세트 바닥에 설치하는 받침목(일명 아시라고 부름)

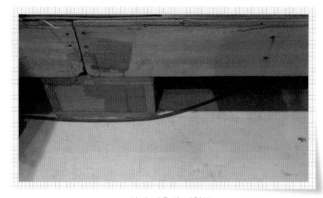

▲ 실제 사용된 받침목

스튜디오 바닥에
받침목을 깔고 그 위에
덧마루(방송업계에서는
니쥬 또는 덧마루라고
불리움)를 올려 세트를
세우게 된다.

▲ 스튜디오 한 칸의 길이

방송사의 스튜디오는
기본적으로 30cm의
정사각형 아스타일로
구성이 되어 있고, 세트
작업자가 세트 설치 시
줄자를 사용하지 않고
평면도와 바닥의 칸수를
세어 세트를 설치한다.

▲ 스튜디오 아스타일의 교체 모습

스튜디오 바닥이 균열이
생기거나 충격 등으로
파손이 되면 해당
아스타일을 깨끗하게
제거하고 새 제품으로
교체한다.

🎥 스튜디오 내 세트 설치와 철거 과정(세트 조립조)

세트는 녹화가 끝난 후 조명 등기구 철수와 소도구나 전식 등의 케이블이 제거된 상태에서 철수를 하는 데 약 3~4시간이 소요되며, 새로운 세트를 설치하는 데는 5~6시간 정도가 소요된다.

📺 조명 팀과의 협의

세트 설치 시 배튼에 대한 교차 사용하기도 하고 기본적으로 해당 드라마가 아닌 세트는 모두 스튜디오 밖으로 이관하고 본 세트를 설치해야 하는데, 스튜디오 밖 공간이 협소하여 일부 세트가 스튜디오 내에 있는 경우에는 조명 등기구의 설치에 지장을 받지 않는 한도에서 협의하고 원만하게 처리해 나간다.

옆 사진에서 제작된 기와 문양과 나뭇가지가 부착된 창문에 조명을 투사해 연출한 모습이다.

조명팀의 요청에 의해 합판으로 제작한 기와 문양과 인조 나뭇가지, 사극의 세트 밖에 설치해 창문의 단순함을 처리한 과정이다.

▲ 조명 팀과 세트 제작자의 협의 예

🎞 사극과 현대극의 차이

사극은 현대극보다 처음 세트를 제작할 때는 단청이나 기타 세트 간의 이음 부분 등에 시간이 많이 소요되지만, 한 번 설치한 이후에는 현대물보다 빠르게 설치가 가능하다. 왜냐하면 사극은 기본적으로 천장이 없기 때문에 바닥을 깔고 바로 벽체를 세울 수 있기 때문이다.

🎭 드라마를 마친 세트의 처리 문제

드라마가 종영된 세트는 기본적으로 폐기를 원칙으로 하고, 산업 폐기물(장판, 아크릴, 스티로폼)과 나무 폐기물로 구분해 처리한다. 계단 세트나 철제 또는 디자인된 나무 등은 일부 보관하기도 한다.

🔹 자주 사용하는 세트의 일본어 명칭

가베	벽체	하리모노	민벽체(무지)	아쓰미	폭
나라시	수평 작업	쓰바리	고정	하리	보
니쥬	덧마루	아시	받침대	개다리	버팀쇠
오므리	누름쇠	구루마	밀차	바라시	해체
요꼬시	지저분한 느낌	보까시	다른 색과 색 사이의 은은한 변화	마끼	롤

대소도구 관련 (장식 미술)

준비된 세트 공간에 사실적인 물품으로 세트를 멋진 집과 거실로
변신을 시키는 업무이다. 드라마 제작 시 연기자가 연기 이외에 필요한 모든 물품을
구입하거나 척척 만들어 내는 '만물 요술 상자'의 주인이다.

🎥 드라마에서 대소도구의 의미와 구분

드라마의 성격, 시대적인 배경, 출연자의 성장 배경과 빈부의 차이 등을
파악해 세워진 세트에 맞는 물건을 설치하고 운용하는 일을 말한다.

대도구는 장롱, 장식장, 싱크대, 냉장고, 소파 등 부피나 무게가 많이 나가
는 물품을 말하고, 소도구는 대도구의 위에 진열되는 작은 물건을 말한다.

우리나라는 아직까지 영화나 드라마의 소도구에 대한 과정을 가르치는
본격적인 교육 기관이 없는 편이라 기본적으로 미술 관련 학생이나 기타
드라마에 관심이 많은 사람이 입사해 하나씩 배우면서 성장해 나가는 도제
시스템이다.

최근에는 세트 스타일리스트라는 새로운 직종이 생기면서 소도구팀과
상호 보완해 가며 새롭게 진화를 하고 있다. MBC에서는 대소도구 파트를
장식 미술로 부르기도 한다.

📺 담당자 결정

일반적으로 드라마 시작 2개월 전에 대소도구 담당자가 결정되는데, 경
우에 따라서는 연출자가 원하는 소도구 감독을 결정하기도 한다.

소도구 팀의 구성은 팀장과 부팀장 그리고 6~7명의 설치 요원으로 구성되는데, 연출자와는 드라마 제작 전에 충분한 미팅을 거쳐 기존에 확보된 소도구가 아닌 것에 대해서 미리 준비해야 하고, 구입 관련 예산에 대한 개략적인 합의도 한다.

❀, 시놉시스 체크와 예산

소도구를 결정하는 중요한 일은 시놉시스를 충분히 읽고 드라마 내용의 전반적인 분석과 연기자의 캐릭터를 분석해야 한다.

드라마에서 소도구의 모든 콘셉트는 시놉시스의 내용에서 대부분 이루어진다고 본다.

일반적으로 드라마에서 소도구 예산은 미술 관련 예산에 포함되어 있다.

컬러 방송에서 HD 방송으로 제작 방식이 바뀌면서 소도구의 디테일에 대한 요구가 높아졌고, UHD 방송으로 다시 제작 방식이 변화되면서 드라마 제작에 있어서 소도구에 대한 디테일이 강조되기 때문에 용품에 대한 예산도 늘어나리라 판단한다.

하지만 아직은 미술 예산에 대한 지원은 많지 않은 편이고 특히 소도구 예산에 자유스러운 집행은 굉장히 제한적이라 필요한 물품이나 가구 등은 세트 스타일 리스트와 협의하여 협찬 등으로 처리하는 경우가 있다.

🌸 협찬 물품 관련

기본적으로 협찬을 받은 물건(특히 소파나 장롱 등의 대도구)은 드라마 제작 종료 후 해당 협찬사에 반납을 조건으로 계약을 하는데, 그 이유는 드라마 종영 시점이 되면 물품에 흠집이 나거나 망가져서 재사용이 어렵기도 하고 소도구 창고 등이 협소하여 협찬을 받은 물품을 장기간 보관할 공간 없기 때문이다.

물론 경우에 따라 유사한 드라마에서 재사용 신청이 오면 자연스럽게 이관해 주기도 한다.

★ 세트(소도구) 스타일리스트 관련

　장식 미술 감독과 미술 디자이너 그리고 소도구 스타일리스트는 함께 스튜디오에 세워진 세트에 소도구 설치에 대한 기본 콘셉트를 정하고 기존 소도구와 협찬이나 구입해서 사용해야 할 물품의 배치에 대한 협의를 진행한다.

　특히, 드라마 콘셉트에 맞는 세트나 소파의 색과 벽지 등의 배색에 대한 결정을 해야 한다. 향후 세트 스타일리스트와 장식 미술팀에 대한 전향적인 발전이 기대가 된다.

🎥 소도구 설치

　기본적으로 6~7명의 인원이 설치에 참여하며 소도구는 지하실에 물품을 보관한다. 녹화 시 대형 엘리베이터를 이용하여 스튜디오로 이동하려면 한 프로그램당 3~4시간 정도 소요된다.

　일반적으로 대도구를 먼저 설치한 후 작은 소도구 등을 설치하는데, 보다 정확한 위치에 설치하기 위하여 세트나 소도구 사진을 촬영하여 파일로 보관해 두고 확인하며 설치한다.

첫 소도구 설치를 마친 후에는
사진촬영을 해 두어
다음 소도구 설치시
참고할 수 있도록 자료로 남긴다.

▲ 소도구 설치 참고 세트 사진

📺 세트 팀과의 관계

기본적으로 세트의 설치가 끝난 이후 소도구가 설치되는 관계로 세트의 위치나 동선에 대해 많은 협의를 한다.

세트 팀과는 스튜디오 녹화 시 야외와 스튜디오의 문에 대한 방향이나 연결 장면에 대한 체크를 사전에 알려 주고, 기본 세트에 대한 사용 유무에 대해서도 미리 체크하여 불필요한 세트 설치로 발생하는 시간에 대한 도움을 주기도 한다.

⊛ 조명 팀과의 관계

조명 팀과는 기본적으로 대소도구의 설치가 모든 끝난 상태에서 등기구를 설치하는 것이 원칙이다. 그러나 전 드라마가 늦게 끝나서 세트의 설치가 늦거나 새 드라마의 시작인 경우에는 소도구 설치와 조명 등기구 설치를 함께 진행할 때는 가급적 상대방에게 양보하고 배려하는 자세가 필요하다.

최근 소도구의 표면에 윤기가 나는 제품과 유리가 장착된 액자가 세트의 가로면 즉 카메라 전면에 설치되는 경우가 많은데, 조명 등기구의 점등에 의한 빛 반사로 녹화에 지장을 주는 경우가 발생한다. 그래서 가급적 유리 없는 액자나 윤이 나는 소도구(냉장고, 하이그로시 제품)에 무광 스프레이를 포설해 처리하기도 한다.

▲ 세트 전면에 설치한 유리가 없는 액자

조명 담당자가 유리의 방향을 바꾸려고 방안으로 들어가고 있다.

▲ 정면 유리창에 비친 조명의 빛 반사 모습

강유리의 한쪽 면은 반질반질하고 반대쪽 면은 엠보싱 형태의 요철로 제작이 되어서 요철 부분을 카메라 쪽으로 설치하면 빛 반사는 없어진다.

▲ 빛 반사된 유리창을 뒤집어 끼운 모습

🎬 리허설 참여

소도구 팀 리허설은 야외 촬영에서 소도구 진행을 담당한 직원이 기본적으로 스튜디오 리허설에 참여하며 대본의 지문이나 연기에 필요한 물품의 준비는 물론이고, 연출자가 대본에 없는 물품의 요청 시 가급적 녹화 시작 전에 준비를 해야 한다. 이때 추가로 발생한 물품에 대해서는 별도의 제작비 예산에서 처리하기도 한다.

★ 녹화 전 준비와 진행

리허설이 끝나면 바로 진행한 물품에 대해 준비를 한다. 드라마 내용에 따라 다르겠지만 평균적으로 녹화 시까지 대략 1시간 30분 정도의 시간이 소요된다.

기본적으로 진행은 2인이 진행을 하며 진행 감독(FD)의 지시를 받지만, 소도구 담당자도 인터컴을 착용하고 부조정실에서 연출자가 지시하는 내용을 숙지하여 준비한다.

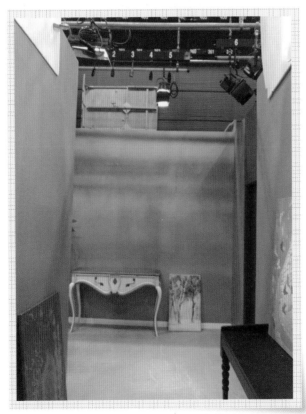

추가된 세트는 녹화 당일
소도구 들을 준비해 두어
리허설이 끝난 이후 작업을
진행한다.

▲ 세트에 소도구 설치 이전 장면

복도 세트에 벽의 전식 매입등과 액자 등을 카메라 앵글을 확인해 더 완벽한 부자집의 복도를 구현하였고, 조명의 터치 라이트가 소도구와 조화를 이루고 있다.

▲ 소도구 설치를 마친 장면

📹 녹화 종료 후 철수

소도구를 철수할 때는 설치의 역순으로 진행하는데, 가장 먼저 스튜디오 바닥에 설치된 전기 장식 케이블을 먼저 철수한다. 그 다음 유리 제품에 대한 철수를 진행한다. 일반적으로 철수 시 파손이나 망실이 많이 발생하기 때문에 세심한 주의를 해야 한다.

드라마 녹화는 주로 늦은 밤이나 새벽에 끝나기 때문에 장시간 녹화로 인한 피로가 몰려와 자칫하면 철수하는 담당자의 긴장이 풀릴 수 있으므로 더욱 주의해야 한다. 철수에는 약 3시간 정도가 소요되며, 작은 물품 등은 해당 드라마 전용 박스에 보관하기도 한다.

📺 사극과 현대극의 차이

기본적으로 사극에서 소도구는 크기가 크지 않고 비교적 가벼운 편이나 모든 장면에 소도구가 배경으로 구성되기 때문에 항상 필요하지만 물품에 대한 협찬이 매우 어렵다.

기본적으로 사극은 현대극과는 달리 제작 초기에 많은 예산을 투입해서 드라마의 콘셉트에 맞는 소도구를 제작해야 하는 경우가 많다.

#2-4 전기 장식

전기라는 소스를 이용하여 인테리어등이나 스탠드 등기구를 사용해
세트의 벽과 공간에 부드럽거나 강한 '엑센트'를 만드는 업무로,
드라마의 세트 분위기 연출의 한축을 담당하고 있다.

🎥 기본 업무

    드라마 녹화를 위해 세트 디자이너가 설계한 세트에 필요한 전구나 기타
생활 조명에 필요한 배선이나 전기 스탠드의 전원 장치를 정격 전원에 맞
게 설치하는 업무를 말한다. 크게 두 가지로 분류하는데 전기 장식(소도구
전기 장식)은 세트나 책상과 침대 협탁 등에 설치되어 있는 것을 말하고,
전기 효과는 세트에 할로겐등이나 형광등처럼 매입되어 있거나 LED를 세
트에 부착한 것을 말한다.

LED 광원 위에
세트를 부착하여
간접 조명 효과를 준다.

▲ 간접 광원 LED 세트 전기 장식 효과

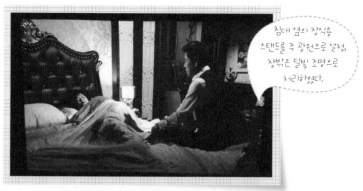

침대 옆의 장식용 스탠드를 주 광원으로 설정, 창밖은 달빛 조명으로 처리하였다.

▲ MBC 아침 드라마 《폭풍의 여자》의 전기 장식

즉, 이동이 가능한 것은 전기 장식이고, 세트에 부착하는 것은 전기 효과라고 말한다. 전기 장식 담당자는 강전과 약전을 모두 다루어야 하기 때문에 기본적으로 전기 기사나 전기 관련 자격증이 있어야 취직이 가능하다.

📺 스튜디오 조명과 전식의 차이

스튜디오의 조명은 주로 대용량의 조명 등기구로 인물, 세트, 소품 등을 비추어 밤과 낮의 표현을 하는 드라마의 전체의 분위기를 만드는 것이고, 전기 장식은 부분적으로 세트 및 소품의 효과를 연출하는 것이다.

최근에는 적절한 전기 장식을 구사해 조명의 역할을 대신하기도 한다.

할로겐 조명으로 소품의 분위기를 살렸다.

▲ 할로겐 전식 조명

⊛ 전기 장식의 종류

직접 조명 방식: 빛의 90~100%를 아래로 향해 물체에 직접 비추는 방식이다. 조명 효율이 좋아 빛의 밝기와 등의 배치, 크기와 모양을 고려하여 세트의 분위기와 조화를 이룬다. 백열전구가 들어가는 매입등이나 할로겐 매입등이 많이 쓰이고 최근에는 LED 광원을 사용한 등도 많이 사용한다.

간접 조명 방식: 직사광이 거의 없고 등기구에서 나오는 빛의 90~100%를 천장이나 벽에 투사하여 반사되어 퍼져 나오는 방식이다. 빛이 부드러워 눈부심이 적고 온화한 분위기를 얻을 수 있다.

▲ 매입 할로겐 전식등(직접 조명 방식)

▲ LED 간접 광원 세트(간접 조명 방식)

그러나 설치하기가 불편하고 천장이 높으면 카메라에 잡히지 않을 수도 있어서 미술 디자인이나 연출과 잘 상의해야 한다.

🏵 미술 감독과의 협의

미술 디자이너와는 세트 설계 세트에 부착할 전기 효과에 대해 전기 설치 담당자와 논의를 하고, 설치된 전기 효과 등에 대한 조절에 대해서도 협의한다. 최근에는 세트 스타일리스트와 전기 장식에 관한 협의를 많이 하고, 전기 장식 용품에 대한 협찬과 구입도 함께 협의하여 결정한다.

☆ 야외 고정 세트와 스튜디오의 운용

미니 시리즈 등의 야외 고정 세트는 세트에 천장을 설치한 후 녹화해야 하기 때문에 천장 세트가 보다 사실적이고 드라마 내용에 맞는 완벽한 등기구를 설치해야 한다. 야외 고정 세트는 배선과 차단기를 별도로 설치해서 운용해야 하고 전기 안전에 대한 주의 사항을 녹화 시 소도구 담당자에게도 알려 주어야 한다.

세트를 매번 교체하는 가변 스튜디오 제작에서는 전기 장식팀이 설치를 하고 녹화 시 운용은 소도구팀이 관리 감독한다. 드라마의 내용에 따라서는 일부 전기 장식용 등기구는 조명팀이 전원의 공급과 운용을 하기도 한다.

🎥 조명 팀과의 관계

전식용 전원을 조명 팀의 전기에 연결해 사용하는 경우가 있다. 연기자가 전기 스탠드 ON/OFF 시 연기 타이밍과 조명의 타이밍을 연결하기 위해서 같은 전원으로 진행하기도 하고, 전식 배전반이나 벽 전원이 세트와 멀리 떨어져 있는 경우 가까운 조명 전원을 사용하기 위해 조명 감독이나 스튜디오 조명 선임자에게 요청해 진행한다.

최근 전식 할로겐등이나 LED 전식등의 부착으로 세트를 강조하는 전기 장식이 많이 등장해서 방송 조명에서 세트에 투사하는 조명이 상대적으로 줄고 인물과 전체적인 베이스 라이트만 설치해 운용하기도 한다.

전기 효과 팀과 조명 팀이 잘 조화를 이루면 더욱 나은 세트가 연출될 수 있다.

벽 부분에는
전기 장식 효과를 주고,
천장 세트는
간접 조명 방식으로
처리한다.

▲ MBC 아침 드라마《좋은 사람》의 휴게실 세트

📺 전기 효과와 사극

많이 사용하지는 않지만 궁궐의 창호지등 안에 있는 광원을 실제 촛불이 아닌 배터리를 사용한 LED등을 설치하기도 한다. 그리고 밤 장면의 시장 골목이나 기생집의 마당에 설치한 연등의 내부는 작은 LED 등기구를 매입하여 분위기 있는 연출을 한다.

주막에 LED 등을
적용한 주막등 설치,
주막 천장은 방송용
조명 등기구로 처리하였다.

▲ MBC 사극《옥중화》의 밤 장면

왼쪽 침대의 소도구인
전기스탠드와 여기자 뒤의
사진 세트를 비춘 조명이
오른쪽에 전식 팀이 설치한
매입 할로겐 전식과 조화를
이루고 있다.

▲ MBC 주말드라마 《부잣집 아들》 녹화 장면

✣, 다른 파트와의 관계

첫째, 조명 감독과 상의하여 드라마상 전기 장식이 전체적인 흐름에 맞는 지의 여부와 강한 빛과 부드러운 빛에 대한 조절을 해야 하고 경우에 따라 전식을 추가하거나 철수하기도 한다.

둘째, 가끔 네온등의 사용으로 같은 고주파수대를 사용하는 음향 장비와 혼선으로 노이즈가 발생하는 경우 상호 협조하여 해결해야 한다.

셋째, 바닥에 여러 개의 전선이 지나가는 관계로 카메라팀과 카메라 이동 시 페데스틸(카메라용 이동 장치)의 바퀴에 전선이 끼어서 끊어짐에 의한 쇼트에 유의해야 하고, 세트와 세트를 통과하는 등의 전원선은 반드시 세트 위로 띄우거나 카메라 감독의 양해를 얻어서 전원선의 전원을 빼고 라인 정리 후 이동을 해야 전기로 인한 사고를 미연에 방지할 수 있다.

전기 장식 설치 시 주의 사항

● 세트가 세워졌을 때 디자이너의 콘셉트가 무엇인지 파악한다.
● 설치 시 어느 등기구로 설치할지 정해야 하고 어느 간격으로 위치하고 카메라의 동선 까지 체크한다.
● 천장에 구멍을 내고 설치 시 원하는 부위를 정확히 타공한다.
● 전선의 배선 시 조인트 부분이 확실하고 전선은 여유 있게 설치되었는지 확인한다.
● 전기 용량에 맞추어 부하가 적정하게 배분되었는지 확인한다.

세트에 둥근 구멍을 뚫고
등기구를 설치한 모습으로
배선이 눈에
보이지 않기 때문에
전기 안전에 유의해야 한다.

▲ 3구 할로겐 전기 장식 매설 모습

3구 할로겐
조명으로 살린
회사 로고

▲ 할로겐 전기 장식 효과

고정으로 설치된 세트는
사진과 같이 전식의 전원이나
빛의 밝기를 조정하는
컨트롤러(조광기)를 세트에
부착해, 녹화 시 현장에서
모니터를 보고 조정한다.

▲ 전식 밝기 조정용 장치

인테리어 스타일리스트

세트의 모든 소도구를 더 예술적으로 승화시키는 일이다.
저택을 더욱 고급스럽게 연출해 드라마의 가치를 상승시키는 일을 말하며
미술 팀의 새로운 업무 영역으로 태어나고 있다.

🎥 기본 업무

방송 프로그램 제작에서 세트 디자이너가 설계한 세트에 소도구 팀이 정한 용품과 스타일리스트가 선정한 용품으로 세트 공간을 더욱 시각적으로 새롭게 창출하는 세트 영상 아티스트를 말한다.

주로 드라마 제작 시 미술 디자이너와 함께 작업을 진행하며 최근에는 뉴스나 예능 프로그램에도 참여하고 있다.

최근 드라마 제작 시 아트디렉터가 미술 팀을 직접 운용하기도 하며 기본 소품 등을 세팅하고 여러 가지 돋보이는 작업(간지 작업이라고도 표현함.)을 별도로 진행하기도 한다. 지상파에서도 20% 내외는 본사 미술 자회사가 아닌 외주 미술 회사에 의뢰해 제작하기도 하며 종편을 포함할 경우에는 50% 내외의 외부 미술 회사가 드라마 제작에 참여하는 편이다. 즉 미술 디자인이나 스타일리스트는 다양한 형태로 제작이 진행되고 있다.

🎬 시놉시스 분석

드라마 제작의 경우 세트 스타일리스트의 업무는 시놉시스의 분석에서 출발을 하고 연출자의 요청으로 미술 디자이너와 함께 작업을 진행한다.

세트를 사용할 연기자에 대한 캐릭터 분석을 통하여 진행하고 캐스팅된 배우의 고유한 이미지와 드라마에서 추구하는 캐릭터 이미지를 반영하여 컬러 콘셉트를 정하고 관련된 용품을 선정한다.

☻ 세트 디자이너와의 관계

미술 디자이너와 드라마 콘셉트 시 가장 많은 의견 교환과 협의를 하는 매우 중요한 파트너이다. 잘 설계된 세트에 좋은 용품이 돋보이듯이 드라마 시작 전에 시뮬레이션을 통하여 더욱 나은 세트를 구현하기 위한 작업을 진행한다.

특히, 세트 배경색은 설치한 용품이 드라마의 내용과 잘 연출이 되는 시금석인 관계로 세트의 구조와 도배지나 벽의 재질과 색상에 관하여 깊이 있게 논의한다.

스타일리스트의 참여는 연출자의 의지와 제작비의 추가가 발생하기 때문에 모든 드라마에 참여하지 않는다.

☻ 연출자와의 관계

드라마 제작에서 모든 연출자는 주어진 예산보다 본인의 작품에 최고의 디자인과 용품으로 구성하길 원한다. 따라서 스타일리스트는 세트에 대한 스타일리스트의 재해석을 통하여 서로 도움이 될 수 있도록 제작된 세트에 연출자가 요구하는 새로운 소도구 콘셉트와 소도구 팀이 확보한 기존의 소도구가 잘 어울리도록 해야 한다.

스타일리스트에게 세트에 대한 비주얼 콘셉트 못지않게 매우 중요한 일이 연출과 소도구 팀과의 이견을 조율하는 것이다.

☆ 고정 세트와 가변 세트의 차이

미니 시리즈는 첫 촬영부터 마지막까지 세트를 철수하지 않고 진행하기 때문에 세트에 대한 모든 것에 대하여 더욱 완벽하게 마감하고 준비를 한다.

제작 시 미진한 부분에 대해서도 언제나 보강과 변형을 할 수 있고 가변 세트보다 충분한 시간을 가지고 제작하기 때문에 연출자나 스타일리스트가 원하는 멋진 영상을 구현할 수 있다.

그리고 세트에 설치하는 용품에 대한 협찬도 가변 세트보다 원활하게 구성할 수 있고 녹화를 마치고 협찬 또는 대여한 업체에 반납 시에도 훼손되지 않고 처리할 수 있다.

가변 세트는 주로 주말이나 일일 연속극에 해당되는데, 6개월 전후의 제작 동안 매주 세트를 세우고 철수를 반복하기 때문에 더욱 완벽한 세트 장치나 소도구의 배치가 쉽지 않다. 그리고 매번 설치와 철수를 하는 관계로 용품의 이동 시 망가지거나 흠집(스크래치)이 생겨 녹화 종료 후 협찬 업체에 반납 시 어려움을 겪을 수 있다.

🎥 소도구팀과의 관계

드라마 제작 시 스타일리스트는 소도구의 협찬을 통하여 미술 제작비의 절감에 한축을 담당하고 있고 연출자의 소도구에 대한 눈높이를 맞추기 위하여 소도구 담당자와의 중간에서 메신저 역할을 한다. 또한 기존 소도구의 활용을 통하여 주어진 예산을 100% 활용해 진행한다.

하드웨어적인 소도구나 기타 용품의 설치와 이동 그리고 진행의 부분은 소도구 팀이 하고, 소프트웨어적인 전반적인 장치에 대한 구상은 스타일리스트가 진행한다. 경우에 따라 미니시리즈의 일부에서는 세트 스타일리스트가 설치 및 진행하기도 한다.

▲ 인테리어 스타일리스트가 설치한 거실 내 가구

제작 협찬 (PPL)

세상의 모든 물건과 회사는 드라마 협찬 대상이다.
드라마의 성격과 협찬 기업이나 물품의 이미지를 접목해
제작하는 드라마와 협찬사 모두 만족하는 가교 역할을 담당하는 업무이다.

🎥 기본 업무

기본적으로 협찬을 진행할 때는 방송 심의에 저촉이 되지 않는 수준에서의 상품 노출을 원칙으로 한다. 방송사에서는 드라마 마케팅 담당이 전반적인 제작 협찬(제품 간접 광고: PPL, product placement)을 진행한다.

📺 소도구와 관계

일반적인 소도구 협찬과는 차원이 다른 의미이기 때문에 드라마의 일반적인 소도구는 미술팀과 연간 계약으로 이루어지고, 협찬 액수가 PPL보다 협찬 금액이 적다. PPL의 경우에는 장기적인 계획으로 진행되기 때문에 협찬의 단가가 매우 크다.

🎞 PPL의 기획

6개월이나 1년 후의 방송부터 기획을 하고 시놉시스나 드라마 기획 단계부터 조율하는 것을 원칙으로 한다.

일일극과 주말극, 미니 시리즈 등에서 다양하게 기획하고 준비해야 하며, 주인공 지명도나 작가와 연출의 능력에 따라 협찬과 단가가 크게 좌우된다.

♛ 상품의 노출과 연출

　PPL은 협찬 해당 회사에서 원하는 물품이나 로고가 방송 화면에 확실하게 노출되어야 하고 일정 시간 이상 방송되어야 한다.

　PPL 노출 시 본사의 협찬 담당자는 반드시 작가 및 연출자와 사전에 상의하고 진행한다.

고기를 굽는 PPL 상품이 주방 안 밥솥 옆에 있다.

회사 이름을 직접 사용한 PPL로 회사 로고와 협찬 상품을 함께 진열하므로 상품의 PPL보다 협찬 금액이 매우 크다.

▲ 자이글 PPL 장면

▲ 웨스트우드 PPL

☆ 녹화 시 PPL 담당자의 역할

　녹화 전 해당 제품에 대한 소도구 팀과 충분한 위치 선정을 마치고 카메라 감독 등과 협의하여 연기자의 동선에 부합되는 위치에 설치하여 최대한의 효과를 연출해야 한다.

　녹화 후 편집자에게 편집에 대한 의견 교환을 통하여 노출 시간을 반드시 체크해야 한다.

🎥 PPL의 효과

상품의 내용에 따라 다르지만 PPL로 효과를 본 회사가 다수 있고, 극중의 내용과 일치하면 물품이나 기업 이미지 등의 상승효과가 있다.

PPL 상품(커피믹스)를 카메라가 타이트하게 잡은 장면으로, 기본적으로 방송 화면에 PPL 상품의 타이트한 장면이 노출되어야 한다.

▲ PPL 제작의 예(믹스커피를 타서 상대 연기자에게 주는
   장면_MBC 주말극 ≪부잣 집 아들≫ 녹화 화면)

상품을 보여주는 것만
아니라 실제로 연기자가
상품을 사용하면서 연기를
자연스럽게 진행해야 한다.

▲ 연기자가 PPL 상품으로
   연기하는 장면

사진의 첫 번째와 두 번째
장면을 자연스럽게 연기하는 것이
세 번째 장면이고, PPL 상품의
허용된 시간을 채우면서 편집하여
제작한다.

▲ PPL 상품을 연기자가 연기하는 화면

#2-7 조리 관련(푸드 스타일리스트)

영상을 통하여 맛있는 음식을 멋지게 만드는 일을 담당한다.
촬영 상황에 맞는 음식을 제공함으로써 연기자의 멋진 연기가 돋보이도록 하는
소품 역할을 함과 동시에 자연스러운 음식의 색과 모양, 맛이 느껴지도록
연출하는 '맛 예술 행위'이다.

🎥 기본 업무

드라마에서 야외나 스튜디오 녹화 시 연기자가 음식을 만드는 장면이나 먹는 장면의 모든 것을 준비하고 만드는 업무를 말한다.

방송에서는 조리 팀이라고 부르는데, 최근에는 '푸드 스타일리스트'라는 말로 더 많이 사용되고 있다.

음식을 만들 때는 어떤 음식을 먹더라도 연기자가 탈이 나지 말아야 하는 것이 가장 중요하다.

📺 대본 체크와 음식 요청

기본적으로 음식은 연기자가 실내에서 먹기 때문에 주방에서 음식을 만드는 장면이나 식탁과 거실에서 음식을 먹는 장면은 필히 체크하고 준비한다.

대체로 소도구 팀과 함께 대본을 체크하는데, 특별한 식자재인 경우에는 조연출이 별도로 의뢰를 하기도 한다.

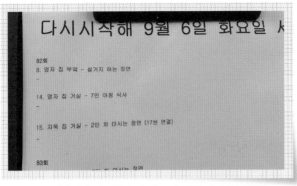

▲ 조리실에서 체크한 주방 및 조리 관련 리허설 진행표

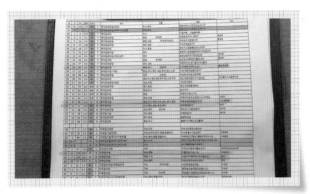

▲ 실제 큐시트에 표시한 조리실 관련 체크

녹화에 사용되는 음식은 녹화 당일 오전에 준비한다.

▲ 음식 조리의 마무리 작업

준비된 음식은 랩으로 포장해 냉장고에 보관하며 녹화 전에 반출하여 스튜디오로 이동한다.

▲ 음식 포장 작업

신선도를 유지하기 위해 해당 장면 녹화 약 30분 전에 조리실에서 스튜디오로 이동, 드라마 내용상 연기자가 먹지 않고 연기를 하더라도 준비하는 음식은 완벽하게 조리를 해서 세팅한다.

▲ 음식을 담은 스튜디오 내의 조리실 밀차

음식과 수저까지 조리실 담당자가 직접 세팅한 모습으로 밥공기, 수저, 접시 등 모든 용기는 해당 세트에 고정으로 사용한다.

▲ 식사 장면을 위해 세팅된 음식과 식기류

◉ 조리 팀의 구성

특정 드라마를 제외하고는 보통 4~5명의 조리사가 모든 드라마를 담당한다.

선임 조리사(조리장)가 전체적인 준비와 총괄을 담당하고, 다른 조리사는 드라마 리허설 현장을 체크하며 대본의 지문이나 리허설 시 연출자가 요청하는 음식에 대한 체크와 대사에 빠진 준비물을 꼼꼼하게 준비한다.

◉ 스튜디오 진행

기본적으로 대본 내용에 따른 준비와 리허설 시 조리사가 참여해 연출자가 특별히 요청한 음식을 체크해서 리허설이 끝난 이후 바로 음식 준비를 하고, 녹화 시작 전에 스튜디오로 보낸다.

간단한 음식(커피, 물, 과일 등) 등은 소도구 진행 팀이 원활한 진행을 위해 맡기도 하고, 대본상 김이 나는 장면이나 끓인 음식이 필요한 경우에는 진행 감독(FD)과 긴밀하게 협의하여 해당 장면 녹화 시간에 맞추어 조리해야 한다. 이는 녹화 시 음식의 색깔이나 분위기를 더욱 돋보이게 해야 되기 때문이다.

✪ 야외의 경우

야외에서는 기본적으로 조리실에서 모든 음식을 준비하여 소도구 팀에게 전달하고, 소도구 팀이 현장에서 준비를 한다.

대본상 음식 경연을 하는 경우나 뷔페 장면의 경우에는 연출자가 외부음식 대행 업체에게 의뢰해서 제작하기도 한다.

◉ 음식의 색과 조리

사실감 있는 음식을 위주로 준비해야 하고 연기자가 어느 음식을 먹더라도 탈이 나지 않도록 조리해야 하며, 세팅 시에는 음식의 색에 대한 조화도 고려해야 한다.

음식을 담는 그릇 등은 조리실에서 외부에 협찬을 받아 사용하고, 유사한 프로그램에서 같이 사용하기도 한다.

드라마에서
생활 수준에 따라
그릇의 모양이나 형태가
다르기 때문에
프로그램 마다 적활하게
적용하여 사용한다.

▲ 프로그램별로 정리된 조리실 비치용 식기

📺 연기자의 취향

조리 소품은 먹는 음식인 관계로 가끔 극중 연기자가 자신이 선호하는 음식을 부탁하는 경우가 있는데, 가급적 만들어 주어 연기자가 연기하는 데 도움을 주기도 한다.

🎞 직접 조리와 구매

조리실에서 모든 요리를 준비하지만 조리 시간과 구입하는 것이 유리할 경우에는 특정 음식점에서 구입을 하게 된다. 예를 들어, 짜장면이나 생선회가 필요한 경우가 해당된다.

🏮 남은 음식의 처리

녹화를 마치고 남은 음식은 100% 폐기 처분한다. 왜냐하면 스튜디오에서 녹화 시 조명의 강한 빛으로 인해 음식이 빨리 상하기 때문이다. 또한 연기 중에 연기자가 소품으로 세팅된 음식을 먹는 경우가 발생하기도 하는데 이는 용인한다.

화훼 장식 담당

#2-8

스튜디오 세트의 살아 있는 '액세서리'이다.
다소 허전한 세트 공간을 자연스러운 생화목과 인조목 또는 오브제를 통해
사실에 가까운 집과 거실을 생동감 있게 재탄생시키는 업무이다.

🎥 기본 업무

　드라마에서 미술 디자이너의 요청으로 야외 녹화의 현장이나 스튜디오
세트에서 극의 분위기에 맞는 생화목(살아 있는 나무) 또는 인조 나무나
꽃 또는 오브제로 세트의 배경으로 장식
하는 미술 업무를 말한다.

　화훼 장식은 소도구와는 달리 세트의
분위기를 돋보이게 하고 보다 사실감 있
는 세트 연출의 한축을 담당한다.

사극에서
주로 사용하는 인조
꽃장식 화병

오브제는 예술과 무관한 물건을
본래의 용도에서 분리하여 작품에
사용함으로써 새로운 느낌을
일으키는 상징적 기능의 물건이다.

▲ 오브제의 예

조화로 만든 오브제 형태의 호병으로 세팅한 모습이다.

▲ MBC 사극 《옥중화》의 세트

📺 조화를 사용하는 이유

생화는 가격이 비싸고 시간이 지나면서 시들거나 죽기 때문에 스튜디오에서는 가급적 변질이 되지 않는 모조화(인조화)를 사용한다. 특히, 저택의 거실에 비치하는 소나무 분재 등은 100% 모조 분재를 사용한다. 예를 들어, 실제 소나무 분재를 사용하면 천 만 원 이상의 비용이 발생한다.

MBC 저녁 일일극 《다시 시작해》에 등장하는 거실 내의 소나무 분재

▲ 소나무 분재

스튜디오 세트에 나무를 심는 것은 불가능하기 때문에 드라마의 계절 배경에 맞는 인조목을 만들어 마당의 나무를 연출한다.

▲ 마당에 설치된 인조목

⚙ 생화를 사용하는 경우

사장실이나 회장실, 그리고 부잣집 거실에 사용하는 동서양의 난 종류나 작은 식물은 생화목을 주로 사용한다. 난을 사용하는 경우에는 스튜디오의 조명 빛에 시들지 않고 수명이 길기 때문이다.

스튜디오 제작 시 마당의 작은 화단이나 상추나 고추 같은 채소를 키우는 장면의 경우도 뿌리가 있는 생화목을 사용한다.

상추나 고추 등은 실제 식물을 사용한다.

▲ 마당 세트의 상추 화분

생화 및 나무는 햇볕이 잘 들고 공기가 잘 통하는 곳에 보관한다.

▲ 화훼 보관소

분장 (메이크업)

연기자의 얼굴을 새롭게 만들어 더욱 돋보이도록 하는 업무이다.
드라마의 내용에 맞게 연기자의 피부를 바탕으로 사실감 있고 아름답게 만드는 작업으로,
시청자에게 더욱 멋진 연기자의 모습을 보여주고자 노력한다.

🎥 기본 업무

드라마에 등장하는 인물의 나이, 성격, 특징 등 캐릭터에 맞는 모습으로 연기자의 얼굴을 자연스럽게 꾸미는 일을 말하며, '메이크업 아티스트'라고 표현하기도 한다.

📺 분장팀의 구성

일일극이나 주말극의 경우에는 2인 1개팀으로 구성되는데, 1명의 분장 담당자와 1명의 미용 담당자로 구성된다.

미니 시리즈 등 야외 촬영이 메인이거나 두 팀으로 운영되는 드라마의 경우에는 4명으로 구성되고, 사극의 경우에는 모든 연기자가 분장실을 통하여 메이크업을 해야 하기 때문에 약 6명의 분장 미용 팀으로 운용한다.

🎞 시놉시스의 체크

드라마가 시작되기 한 달 전에 연출 팀에서 보내 준 시놉시스를 파악하여 출연하는 연기자의 캐릭터를 구상하고, 그것을 기본으로 하여 연기자의 분장에 대한 기본 콘셉트를 만든다.

특히, 드라마에서 시대적 배경과 배역에 대한 세월의 변화와 신분의 변화에 따른 분장과 미용의 콘셉트를 어떻게 할 것인가에 따른 기본적인 분장 설계를 한다.

🎥 연출자와의 관계

촬영 시작 전에 전체 회의를 통해 시놉시스를 통해 분석한 주인공과 등장인물에 대한 분장과 미용에 대한 콘셉트를 고지하고, 연출자가 요구하는 분장과 미용에 대한 내용을 바탕으로 최종 결정한다.

⭐ 드라마의 배경 체크

연기자의 기본 배경이 되는 시대적 배경과 드라마에서 추구하는 역할과 부합되는지에 대한 결정을 한다.

🎥 출연진의 피부 톤 체크

연기자의 분장 시 가장 중요하게 고려되어야 하는 사안이며 색조를 결정 짓는 중요한 포인트이다.

현대극에서는 소속사가 있는 연기자의 경우 계약을 맺고 있는 외부 메이크업샵에서 분장과 헤어를 진행하고 녹화에 임하게 되는데, 이때 피부 톤에 대한 최종 점검은 방송사 내의 분장실에서 이루어진다.

그 이유는 상대 연기자의 피부 톤의 비교와 드라마가 추구하는 전체적인 밸런스가 잘 맞았는지를 확인하고, 사안에 따라서 수정하거나 다음 녹화 시 조정을 요구하기도 한다.

🎬 분장 시간

현대물의 경우 남자 배우는 약 30분 정도이고, 여자 배우는 약 1시간 정도 걸린다.

기본적으로 주인공과 일반 연기자의 분장에 차이는 없다.

▲ 분장실 내부

▲ 분장사 가방

⊛ 배우의 피부 관리

최근에 HD 방송에서 UHD 방송으로 급속하게 영상의 기술이 발전함에
따라 기본적으로 배우의 피부 톤에 대한 관리가 매우 중요하게 되었다.

SD TV에서는 얼굴에 대한 여러 가지 핸디캡을 분장으로 처리했는데, 최
근에는 고화질 TV와 50인치 이상의 대화면으로 시청하기 때문에 기본적인
피부 관리는 연기자 본인이 해야 더 자연스러운 분장과 좋은 피부 톤을 얻
을 수 있다.

☙ 분장과 조명

분장과 조명은 연기자의 피부 톤에 영향을 주는 매우 중요한 요소이다.

예를 들어, 어둡게 분장을 했는데 조명에서 하이키(밝은 조명)로 처리하면 분장의 효과가 떨어지고, 얼굴에 잡티가 많은 배우의 분장에 직접 조명이 아닌 간접 조명(우드락 반사판이나 확산천 조명)으로 처리하면 배우의 피부 톤이나 잡티가 더 완화되면서 부드럽게 연출되어 촬영 시 상승효과가 연출되기 때문이다.

☆ 특수 분장

특수 분장이란 기술적인 지식과 숙련된 기법으로 연기자에게 여러 가지 방법으로 무한한 기술을 제공하여 시각적 효과를 나타내는 기법을 말한다.

분장 내적으로는 조각가의 정교한 손놀림과 화가의 감각적인 색감이 필요하며, 분장 외적으로는 미술, 조명, 촬영, 특수 효과, 컴퓨터 그래픽 등이 뒷받침되어야 한다. 그래야만 관련 파트의 상호 협력을 통하여 대본에 나오는 연기자의 특수 분장을 만들어 낼 수 있다.

▲ 특수 분장을 만들기 위한 역도 선수 모델 사진

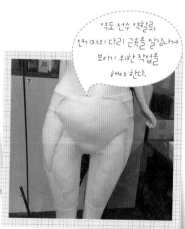

역도 선수 역할로, 연기자의 다리 근육을 실감나게 보이기 위한 작업을 해야 한다.

▲ 여자 역도 선수의 다리 근육 제작

드라마에서 일반적인 메이크업이 아닌 경우 즉, 연기자가 부상을 당했다거나 특수하게 신체에 변형을 주어야 할 경우에 특수 분장을 하게 되는데, 특수 분장에는 많은 제작 시간이 필요하다.

특수 분장은 연출자가 특수 분장사와 드라마 시작 전에 충분한 시간을 가지고 논의해야 하고, 철저한 고증을 통하여 제작을 해야 자연스러운 장면이 연출된다.

드라마 녹화 시 스튜디오 옆의 별도
분장실에서 메이크업을 진행한다.
주로 남자 연기자의 메이크업을 주로
하는 편이다.

▲ 분장실 분장 모습

연기자가 연기에 더
몰입하기 위하여 현장에서
메이크업하는 모습으로, 더욱
현장감 있는 분장을 연출할
수 있다.

▲ 스튜디오 현장에서 분장 모습

기본적인 분장을 마친 후 야외 녹화
시 더운 날씨 때문에 흘린 땀으로
분장이 지워지는 관계로, 수시로
연기자의 스킨 톤을 모니터링하면서
분장을 수정해야 한다.

▲ 야외 촬영 시 분장하고 있는 모습

미용(헤어)

연기자의 얼굴에 '맛'을 장식하는 업무이다. 드라마의 내용에 따라
연기자에게 다양한 형태의 머리 스타일로 수많은 캐릭터를 창출하기도 하며,
여자 연기자에게 있어서는 헤어가 분장 이상의 중요한 요소이기도 하다.

🎥 기본 업무

드라마에서 연기자 헤어스타일을 극의 성격에 맞게 보이기 위해서 머리
카락 등을 다듬고 가꾸는 일을 담당하며, '헤어 디자이너'라고도 한다.

📺 시놉시스 체크

정확한 시놉시스를 체크하여 본격적인 녹화 한 달 전후에 출연자에 대한
헤어스타일을 구상한다. 연기자가 맡은 배역의 직업, 나이, 배경 등을 고려
하여 헤어에 대한 몽타주를 만들어 연기자가 생각하는 헤어스타일과 접목
해서 연출자와 함께 결정을 한다.

● 대본 분석

시대적 분석	현대극, 사극, 시대극으로 구분되는데, 특히 사극과 시대극은 시대에 따른 철저한 고증을 통하여 연출한다. 현재 사극의 흐름은 고증을 바탕으로 하되 퓨전 사극에서는 추가적으로 상상력을 동원해 눈으로 보고 즐길 수 있는 자극이 되도록 판타지적인 분위기를 연출하는 추세이다.
배경 분석	주요 촬영지: 농촌, 어촌, 도시, 섬인지를 구분하고 세부적으로는 병원, 법원, 방송사, 미용실, 공항 등 등장인물의 직업과 활동 무대에 따라 설정한다. 등장인물의 파악: 주인공의 친구나 형제자매와 부모, 친척, 아역, 노인역 등 출연진은 몇 명인지 파악한다.

캐릭터 분석

주연	설정된 드라마의 인물과 연기자의 나이대가 맞지 않게 캐스팅되는 경우는 최대한 어리게 보이면서 등장인물의 성격을 살리는 데 중점을 두어야 한다.
노인역	쪽머리, 파마머리, 커트머리, 귀밑머리 등 어느 머리가 어울리는지, 연기자 본인 머리로 할 것인지, 흰머리로 할 것인지, 가발을 쓸 것인지에 대한 결정을 해야 한다.
의사, 변호사, 아나운서 등 전문직	깔끔하고 단정하게 묶는다든가 지적으로 보이기 위해 세련된 단발머리나 커트머리 등으로 결정하기도 한다.

MBC 주말 드라마
《내 딸 금사월》에서
연기자 전인화가
사용한 가모

▲ 긴 머리 가모

▲ 가모를 실제 착용하고 연기하는 모습

⊛ 헤어 팀 구성과 분장

한 편의 드라마에서 현대극은 1명, 사극은 4명으로 헤어 팀이 구성되어 분장을 담당한다.

스튜디오 촬영과 야외 촬영을 함께 진행하며 등장인물이 많이 등장하는 사극의 경우에는 녹화 순서에 따라 분장을 진행하고 별도의 분장차에서 진행하기도 한다.

기본적으로는 분장을 마친 연기자의 머리를 디자인하는데, 메이크업 팀과 협의하여 극의 분위기에 맞게 진행한다.

⊛ 연기자와의 관계

연기자가 외부 헤어샵에서 분장과 헤어를 마치고 오는 경우가 있는데, 이때는 내부 헤어 디자이너가 점검을 하고 나서 촬영을 진행한다.

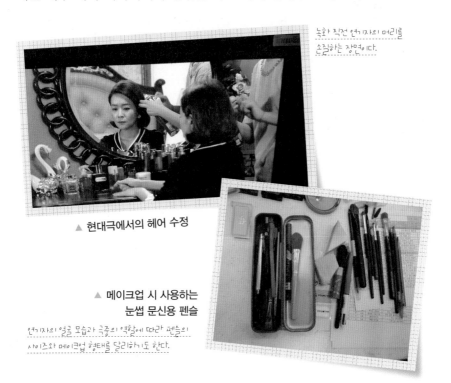

녹화 직전 연기자의 머리를 손질하는 장면이다.

▲ 현대극에서의 헤어 수정

▲ 메이크업 시 사용하는
눈썹 문신용 펜슬

연기자의 얼굴 모습과 극중의 역할에 따라 펜슬의 사이즈와 메이크업 형태를 달리하기도 한다.

☆ 사극의 헤어스타일

조선 초기 시대의 왕비 등이 머리에 쓴 가채를 만들 때는 30분 이상의 시간이 걸린다. 최근에는 가채를 종전보다 풍성하게 하는 기법의 개발로 가벼워져서 가채에 대한 여자 연기자의 부담을 많이 완화시켜 주고 있다.

사극의 경우는 철저하게 고증을 거쳐 스타일을 결정하는데, 고려시대나 삼국시대의 헤어스타일에 관련해서는 많은 자료가 없기에 오히려 조금은 자유롭게 스타일을 결정한다.

퓨전 사극의 경우에는 주인공의 캐릭터에 대해 연출자와 상의하여 현대적인 감각의 헤어스타일을 창출하기도 한다.

사극에서는 고정된 스타일이 중요하기 때문에 모니터를 통하여 수시로 분장과 헤어를 수정한다.

▲ MBC 사극 《화정》에서 촬영 도중 헤어를 수정하는 장면

🎥 녹화 진행 과정

모든 연기자는 스튜디오 녹화를 하기 전에 반드시 분장실에 들러 분장과 헤어스타일을 점검받고 연기한다.

궁중 사극의 여자 연기자는 머리에 가채나 비녀, 첩지 등 부착물이 많기 때문에 스튜디오에 항상 분장 팀과 미용 팀이 상주하고 있다가 녹화 시 문제가 되는 스타일에 대해 신속히 수정하기도 한다.

분장을 마친 연기자가 녹화
직전 헤어(미용) 손질을 하고
녹화를 진행한다.

▲ 드라마 연기자에게 헤어 손질을 하고 있는 모습

머리를 고정할 경우
사용하며 사극에는 많은 핀이
사용된다.

▲ 헤어 관리 시 필요한 각종 핀 케이스

의상★장신구

연기자의 얼굴 이외의 모든 것을 연출하는 업무이다.
연기자가 천의 얼굴로 연기를 한다면 의상은 연기에 못지않은 여러 가지 스타일로
연기를 돋보이며 감싸주는 멋진 '포장재' 역할을 한다.

📹 기본 업무

　의상팀은 연기자가 머리부터
발끝까지 머리에 쓰고 몸에 걸
치는 모자, 보이는 속옷, 겉옷,
바지, 신발, 양말 등과 같은 의
류와 장식품에 대한 모든 것의
관리와 스타일을 결정하는 업
무이다.

▲ 정리된 의상실 복도

📺 대본 체크

현대극인 경우 기본적으로 시놉시스를 충분히 읽고 연기자의 전반적인 캐릭터 분석을 통하여 의상실에서 준비할 옷과 연기자나 스타일리스트가 준비할 옷에 대한 결정을 한다.

주인공급 연기자의 경우 별도 의상 담당자나 코디네이터가 있어 의상 팀에서는 특수한 의상만 준비하고(환자복이나 90년 의상 등) 코디가 준비한 의상에 대한 밸런스나 상대 배우와의 관계 등 드라마상에 연결되는 것에 대한 관리를 한다.

🏵 의상 선정

기본적인 의상 선정은 의상실과 연기자와 의상실 담당자가 협의하지만, 경우에 따라서 연출자의 의견을 수렴에 결정하는 편이며, 특정 장면에서는 이 옷을 꼭 착용해야 한다는 약속을 하기도 한다.

의상 선정에서 연기자 상의에 표시된 의류 상표에 대한 노출에 대해서는 의상 팀에서 최대한 신경을 써야 하는데, 상표 노출로 인하여 녹화에 지장을 주지 말아야 한다.

연기자 간 사전에 조율되지 않은 경우에는 같은 색의 의상을 입고 녹화하는 경우가 있다. 의상 담당자는 연기자 담당 코디와 협의하여 의상의 색에 대한 협의를 해야 한다.

▲ 한 장면에 같은 의상을 입고 출연한 연기자

연기자가 옷장을 열고 연기하는
장면이 있으면 의상 팀은
장롱이나 옷장 등에 연기에
필요한 옷을 비치하며 필요에
따라서 연기자 본인의 옷을
함께 비치하기도 한다.

▲ 옷장에 비치된 의상

✿ 의상 디자인 콘셉트 작업

시대극과 사극의 의상 디자인은 대본 파악 후 시대 상황에 맞추어 충분한 자료를 수집하고, 대본상에서의 연기자의 성격과 체형을 고려해서 연기자가 화면에서 어떻게 보일지까지 생각하며 콘셉트를 잡고 의상 담당자와 협의하여 디자인 작업을 한다. 디자인 작업은 보통 포토샵이나 코렐 등을 이용하여 작업한다.

현대극은 의상 디자인과 의상 담당이 상호 협의하여 연기자의 콘셉트를 어떻게 정할지를 함께 작업하며, 최근의 트랜드에 의상을 맞추기 위해서는 인터넷 시장 조사와 패션 잡지 등을 참고하면서 포토샵으로 작업한다.

★ 의상 팀의 구성

현대극인 경우 방송사마다 차이는 있지만 스튜디오와 야외 각 1~2명이 담당하고, 사극인 경우 대량의 의상이 필요하기 때문에 6~8명 전후가 야외와 스튜디오를 담당한다.

의상 담당자는 의상과 디자인 전공이 주류를 이루었지만, 최근에는 방송 관련 스타일리스트학과 출신이 의상 담당을 많이 하는 편이다.

🎥 사극의 의상

현대극과는 달리 사극의 경우에는 의상을 100% 의상실에서 제공한다. 사극에서 주인공의 의상은 드라마 시작 수개월 전부터 연출자, 의상 담당자, 한복 고증 전문가, 해당 스타일리스트 등이 여러 번 의상 관련 회의를 하고 주인공급 배우에 대한 의상 시뮬레이션을 설계해서 의상 제작 전에 상호 공유하고 검토를 한다.

시대적인 배경과 드라마의 성격 그리고 연기자와의 조화와 배색에 따른 분위기 등을 우선적으로 검토하고, 상대 배우와의 톤도 고려해야 한다. 사극의 의상 준비는 비용이 많이 발생하기 때문에 별도의 예산으로 운용한다.

대장금 제작 시 장금이(이영애 역)가
신고 연기한 가죽 신발로 녹화를
마친 후 기념하기 위하여 전시한
장신구이다.

▲ MBC 사극 ≪대장금≫에 사용한 장신구 전시물

MBC 사극 ≪주몽≫ 제작 시
주인공 주몽(송일국 역)이 착용한
왕관으로, 기념하기 위하여
전시한 장신구이다.

▲ 주몽 장신구

📺 의상 협찬

최근에 들어 시대극과 사극의 경우 프로그램이 대형화 되어가는 추세이고, 방송 기술의 발달로 고화질 방송이 실현되고 있기 때문에 연기자의 의상도 과거의 고증에 충실하여 제작되는 것보다는 고증과 현대적인 느낌을 동시에 살리며 제작하는 추세이다.

사극의 경우에는 일반적으로 300여 벌의 한복이 필요하기 때문에 의상을 협찬할 업체가 대량 생산의 능력이 있는 업체인지가 가장 중요하고 프로그램 종영 후 반납을 원칙으로 한다.

현대극의 경우에는 의상의 협찬을 의류 브랜드 홍보 팀과 홍보 대행사가 진행을 하고 있다. 프로그램과 연기자의 캐릭터를 반영하기 위해서는 직접 백화점이나 의류 시장에서 시장 조사를 한 후 업체와 협의하여 의상 협찬을 하게 된다. 주인공급의 주요 연기자는 소속사에 속해 있는 개인 코디가 담당을 하고 있고, 방송사에서는 조연 및 단역 연기자들의 의상을 협찬하고 있다.

⚙ 프로그램 현장 진행

의상 담당은 현장에서 연기자에게 의상을 입혀주는 것부터 보조 출연의 의상을 입혀 주고, 촬영장에서 필요한 의상 물품을 챙기며, 연출이 요구하는 의상 전반에 관한 것을 해결해야 하기 때문에 현장에 대한 이해와 노하우와 순발력이 필요하다.

연기 중에 입는 옷 이외에
잠글을 여는 장면을 녹화할 때
옷장 안에 비치해 두는
의류들은 연기자가 입는 옷을
직접 사용하는 경우도 있지만
대부분은 의상실에서
준비해서 처리한다.

▲ 대기 중인 의상 밀차

🏵 의상의 세탁과 보관

세탁은 현대극의 경우에는 의상 팀에서 하고, 사극의 경우에는 야외 촬영지 근처의 대형 세탁기를 사용하고 100명 이상이 등장하는 전쟁 장면에서 나오는 더러워진 대량의 세탁물은 외주 세탁 업체에 맡기기도 한다.

보관은 현대극인 경우는 방송사 내 의상실 창고에 보관하고, 많은 의상이 필요한 사극인 경우는 야외 촬영지 근처에 의상을 보관해 두어 이동에 따른 시간을 절약하기도 한다.

☆ 의상 스타일리스트와의 관계

주인공급 연기자가 해당되는데, 드라마의 성격과 연기자의 스타일들을 검토해서 스타일리스트가 선정한 의상과 의상팀이 생각한 분위기를 상호 조정하여 정한다.

기본적인 콘셉트는 사전에 서로 조율해 녹화 시 진행하는 편이다.

🎥 연기자의 취향과 의상

현대극보다 사극에서 특수 의상에 대한 구입은 기존 예산이 아닌 별도의 제작비에서 진행을 하게 되며, 비싸거나 국내에서 제작이 어려운 경우에는 중국 등에 의뢰해서 제작을 한다.

빈번하지는 않지만 주인공급 연기자가 본인이 출연하고 있는 드라마 속 캐릭터와는 별도로 개인의 취향에 맞는 의상을 요청하는 경우가 있는데, 이럴 경우에는 특별히 문제가 되지 않는다면 가급적 요청을 받아들이는 편이다. 왜냐하면 주인공급 배우가 좋아하는 편한 의상을 입으면 보다 좋은 연기가 연출되기 때문이다.

3. 기술 관련

드라마에서 준비된 배경을 더욱 돋보이게 하고, 연기자의 연기가 개성이 있으면서도 감칠맛
나도록 보이게 하는 것이 기술이다.
경우에 따라 새롭게 배경을 창조하고, 연기자를 멋지게 승화시키기도 한다.

기술 총괄 (기술 감독)

스튜디오 드라마 제작에서 '기술의 꽃'이라고 표현할 수 있다.
기술의 전반적인 업무와 부조정실과 스튜디오 스태프를 조율하면서
연출자와 함께 드라마를 이끌어 나가는 총괄 업무를 말한다.

🎥 기본 업무

드라마 녹화 시에 기술 파트(영상, 중계, 녹화, 조명, 음향, 카메라 등)에 대한 전반적인 조정과 운용을 담당하며, 연출자와 협의하여 제작할 때는 스튜디오와 부조정실 기술 스태프의 조정자 역할을 한다.

기술 감독은 드라마 제작의 첫 모니터 스태프로 좋은 드라마를 만들기 위해서 노력하는 업무를 한다. 제작 파트의 기술 감독 선발은 영상, 중계, 녹화, 조명, 음향, 카메라 등의 감독 업무를 10년 이상 근무한 엔지니어 중에서 선발하는 편인데, 최근에는 카메라 감독 출신이 기술 감독으로 선임되기도 한다.

▲ 부조정실에서 대본과 모니터를 보고 녹화 중인
기술 감독 모습

📺 연출과의 관계

기술 감독으로 선정이 되면 스튜디오 녹화 한 달 전후에 연출자와 미팅을 갖고 드라마의 전반적인 구성과 스태프의 운용에 협의한다.

스튜디오 제작이 시작되면 리허설과 녹화가 진행될 때까지 연출자와 드라마 제작에 관한 전반적인 의견 교환을 통하여 기술 스태프의 책임자와 대변자의 역할을 한다.

드라마 내용과 연기자의 연기에 대해서 연출자에게 느낀 소감을 전달하면서 드라마 제작의 첫 모니터를 하는 책임자의 역할을 진행하기도 한다.

왼쪽이 연출자이고
오른쪽이 기술 감독으로
콘솔이 오른쪽에 있고,
카메라 컷을 넘기는 버튼이
왼쪽에 위치하고 있어
왼손으로 커팅한다.

기술 감독은
연출자의 오른쪽에서
왼손으로 작업한다.

▲ 부조정실에서 녹화 장면을
확인하는 연출자(왼쪽)와
기술 감독(오른쪽)

▲ 기술 감독 스위쳐 커팅 장면

🎞 대본의 숙지

초반에 연출 팀에서 받은 시놉시스나 인물 관계도를 숙지하여 전반적인 극의 흐름을 파악해야 한다.

녹화가 진행되면 인터넷 카페를 통한 대본의 숙지를 기본으로 하여 녹화 당일 출고된 방송용 콘티 대본을 숙지한다. 카메라 shot과 연기자의 동선에는 문제가 없는지 등을 파악하는 것은 물론, 리허설 시에는 반드시 참석하여 현장을 확인한다. 특히, 리허설 시 카메라 동선의 변동으로 바뀐 콘티 수정을 스크립터를 통하여 정확하게 전달받아야 한다. 그래야만 실제 녹화에 들어가서 더욱 정확한 스위칭을 진행할 수 있다.

♟ 스태프와의 관계

부조 스태프가 모두 결정되면 제작 전 1~2회의 미팅을 통하여 드라마의 진행 사항과 연출이 요청하는 내용 등을 고지하고, 더욱 원만한 부조정실 분위기를 만들기 위해 노력한다. 녹화가 시작되고 제작의 50% 전후 정도로 진행되었을 때 부조 스태프와 함께 단합대회를 갖기도 하고, 종영 시 별도의 모임을 갖기도 한다. 이때 연기자들이 참여하기도 한다.

스튜디오의 여러 스태프 중에서도 카메라 팀과의 관계가 매우 중요하다. 기술 감독과 카메라 감독은 녹화의 전반적인 흐름과 녹화장의 분위기를 좌우하기 때문에 많은 대화를 통하여 의견을 교환한다.

스튜디오 녹화 시 카메라 감독이 구성한 shot을 연출자의 사인을 받아 마지막 스위칭(cutting)하기 때문에 상호 간 호흡이 잘 맞아야 한다.

특히, 부조정실 데스크에서 연출자와 주고받는 대화는 인터컴을 사용하고 있는 스튜디오의 카메라 감독을 비롯한 모든 스태프가 듣고 있기 때문에 더 신중하고 정확한 의사 표시를 해야 한다.

★ 연기자와의 관계

기본적으로 카메라를 사용하지 않는 드라이 리허설 시에는 스튜디오에서나 녹화 전 부조정실에서 연기자와 미팅을 갖는 편인데, 기술적인 내용을 포함하여 드라마의 전반적인 내용과 극의 흐름에 대한 느낌 등을 이야기하면서 스튜디오의 분위기에 대해서 이야기를 나눈다.

🎥 기본 정비 업무

녹화 전 기술 감독은 부조정실 마스터 콘솔의 스위처의 컷팅을 통한 영상과 음향의 기본적인 이상 유무를 파악하고, 스튜디오와 부조정실 인터컴의 송수신 여부에 대하여 완벽하게 체크를 하고 녹화에 임해야 한다.

왜냐하면, 기술 감독과 연출이 사용하는 인터컴은 스튜디오와 부조정실 커뮤니케이션의 가장 중요한 방송 기기이기 때문이다.

📺 기술 감독 업무의 중요성

스튜디오 제작에서 기술 감독은 기술 및 전반적인 스태프를 대표하기 때문에 콘티에 의한 스위칭은 물론이고, 기술 및 미술 스태프의 전반적인 진행 사항과 흐름에 대해서도 정확하게 파악하고 있어야 하며, 돌발 변수에 대해 빠른 판단과 능동적인 대처를 갖추어야 한다. 또한 연출자에게는 스태프의 책임자로서 확실하게 대변해야 한다.

기본 제작 과정
- 녹화할 대본의 숙지
- 당일 스튜디오 세트의 점검
- 스위처를 비롯한 부조정실 장비의 체크
- 드라이 리허설 참여
- 연기자와 제작 관련 기술에 대한 의견 교환
- 스크립터와 변경된 콘티 대본의 체크
- 녹화 스케줄의 확인
- 카메라 감독과 녹화 진행 과정 체크
- 녹화 진행 과정 연출자와 협의
- 연출자와 녹화 장면에 대한 신속한 판단
- 서버의 녹화 상태와 송출 여부 확인
- 녹화 종료 후 장비에 대한 이상 유무 체크

#3-2 조명 감독

조명은 '빛으로 그림을 그리는 작업'이다. 스튜디오의 세트에
조명의 빛을 사용하여 더욱 사실감 있는 세트의 연출과 연기자에게
돋보이는 스킨 톤을 만들어 주는 영상 예술 행위이다.

🎥 기본 업무

스튜디오에서 제작되는 드라마 제작에서 연출자의 의도와 조명 감독이
구상한 조명 설계를 바탕으로 영상의 기본적인 광원을 제공함으로써 보다
나은 영상미를 추구하는 작업을 말한다.

조명 감독은 방송사마다 조금씩 차이는 있지만 엔지니어로 입사해서
5~7년 정도 조명 조감독 업무를 거쳐 조명 감독으로 입문하게 된다.

조명 감독 초기에는 쇼 프로그램보다 교양 프로그램이나
드라마 조명 감독 업
무를 먼저 시작하게
된다.

영상의 집중을 위하여 별도의 스탠드를 사용한다.

▲ 부조정실에서 조명 감독이 근무하는 모습

📺 연출과의 관계

　연출자와 스튜디오 녹화 한 달 전후에 기본적인 드라마의 내용과 영상 톤, 흐름에 대해 심도 깊게 논의한다. 제작을 하면서 전반적인 조명의 톤과 분위기 장면에 대해 수시로 의견을 교환하고 전개한다.

　드라마 제작의 경우 조명은 프로그램 제작 시 다른 파트(쇼, 교양, 뉴스 등)의 연출자보다 많은 시간을 갖고 대화를 하는 편인데, 기술 스태프 중에서 연출자와 영상과 조명에 대한 대화를 가장 많이 교환한다.

촛불 조명과 창호지 문양의 고보를 특수하게 제작하여 엘립소이드 조명 기구 (소스-4)에 장착해서 병풍에 달빛 그림자를 만들어 분위기를 살렸다.

▲ MBC 사극 《동이》에서 사용된 촛불 조명과 소스-4 효과

BLUE FILTER를 사용하여 지붕과 평상에 달빛을 비추어 파랗게 보이도록 설정한 장면이다.

▲ MBC 시트콤 《지붕 뚫고 하이킥》의 달빛 설정 조명

🌐 시놉시스 체크와 조명 설계

조명 감독은 드라마 촬영이 시작 전에 작가가 정리한 시놉시스를 읽고, 드라마의 내용과 출연하는 연기자의 인물 관계에 대하여 살피면서 전반적인 조명의 구상을 한다. 다른 파트와 마찬가지로 시놉시스가 드라마의 전반적인 조명 설계에 가장 큰 비중을 차지한다.

기본적인 조명 설계는 시놉시스와 대본 분석을 통해 정리된 내용을 중심으로 구상하게 된다. 연기자에 대한 인물 분석과 극 중 이미지 등 다각도의 분석을 통하여 세트의 배경색을 고려하여 색에 대한 기본 설정을 한다.

최근에는 본격적인 녹화 시 발생하는 시행착오를 줄이기 위해 드라마 시작 전에 스튜디오에 기본 세트를 설치하여 세트의 톤과 소도구 및 조명 등 가구를 가상으로 설치하기도 한다.

기본적으로 스튜디오 제작 3~4주가 지나면 세트와 조명에 대한 정리가 마무리되며, 최종 결정된 조명 설계로 진행하게 된다.

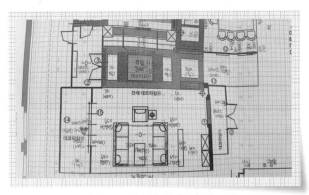

드라마가 시작되면
1~2년차 조명 근무자에게
설치가 끝난 세트를 보면서
세트 평면도에
조명 등기구 위치를 표시하는
작업을 시킨다. 이는
다음 주 조명 등기구 설치를
더욱 신속하게 하기
위함이다.

▲ 손으로 그린 조명 등기구 설치 도면

🐝 조명 등기구의 선정

조명 등기구는 드라마 내용에 따라 달라진다. 예를 들어, 현대극과 사극 등이 있으며, 방송 시간과 요일에 따라 일일 드라마와 주말 드라마, 월화 드라마 등으로 구분하는데, 이에 따라 조명의 밝기나 톤을 정한다.

예를 들어, 오전 8시에 방송되는 아침 드라마는 기본적으로 환하게 처리하며, 주말 10시에 방송되는 주말극은 아침 드라마보다 어둡게 처리하는 것이 보통이다. 이에 따라 조명 설계가 조금씩 바뀌게 된다. 기본적인 조명 등기구 선정에도 조금씩 차이가 있으며, 연출자의 조명 톤에 대한 특별한 요청과 스튜디오 제작 시스템에 따라 달라지는 경우가 있다.

최근에 사용되는 기본적인 조명 등기구에는 650W SPOT와 우드락 반사판이나 확산을 이용한 2KW SPOT의 간접 조명이 주로 사용되고 있으며, 베이스 라이트는 LED 라이트를 사용한다.

테이블 위 꽃 수반 앞에 연기자의 눈을 살려 주기 위해 '알라딘'이라는 충전용 LED 조명 기구를 설치하였다.

▲ 꽃 수반에 숨긴 알라딘 조명

카메라 Shot에 보이지 않는 위치에 무선 LED 기구를 설치해서 연기자의 눈을 돋보이게 한다.

▲ '알라딘' 조명 기구를 숨긴 꽃 수반

창문에서 투사한 달빛 조명, 오른쪽 전기 스탠드 조명 기구, 책상 앞의 알라딘 조명등이 보이고 있다.

▲ 창문 스탠드 조명과 알라딘 조명

☆ 조명 팀의 구성과 회의

드라마 조명 팀은 방송사마다 조금씩 차이가 있는데, MBC의 경우 기본적으로 조명 등기구의 설치는 조명 설치 전문업체(명라이팅)가 진행을 하고, 등기구의 포커싱은 본사 조명 감독이 진행한다. 조명 팀은 방송사마다 차이는 있지만 8~10명 정도의 인원으로 구성된다.

드라마 시작 전에 먼저 조명 조감독이나 외주 조명 담당 팀장과 구체적인 조명 운영에 대한 협의를 하고, 본격적인 등기구 설치 전에 모든 조명 스태프가 모여 드라마의 개략적인 흐름과 연출의 의도 그리고 연기자의 성향과 기타 세트와 조명의 전반적인 경향에 대해 상세하게 고지하면서 조명 팀과 의견을 교환한다.

특히, 비슷한 유형의 드라마의 조명 기법에 대해 참고하고, 이 드라마에 접목하여 사용하는 방법에 대해서도 논의를 한다.

그리고 조명 등기구의 선정과 드라마에 필요한 각종 필터나 특수한 조명 등기구의 사용 여부에 대해 자세하게 설명하고 각자의 업무를 분장한다.

🎥 조명 등기구 설치

스튜디오 제작에서 조명 등기구의 설치는 세트가 모두 세워지고 대소도구 설치가 끝난 이후에 설치하는 것이 기본이다.

기본적으로 배튼에 등기구를 설치하고 높은 곳의 등기구 설치는 조명용 사다리를 사용하기도 한다. 배튼이 없는 곳에서의 등기구 설치는 배튼 걸이를 사용하거나 조명용 스탠드를 설치해 운용하기도 한다.

조명에 참여하는 작업자는 안전을 위하여 반드시 장갑을 끼고 간편한 복장과 안전화를 착용해야 한다.

▲ 2인 1조 등기구 설치 작업

📺 조명 등기구 포커싱(세팅)

등기구 설치가 끝난 다음 조명 포커싱은 기본적으로 사다리를 사용하여 손으로 정확하게 포커싱한다. 더욱 신속한 작업을 위해서는 조명 조정봉을 사용해서 포커싱을 하기도 한다.

또한 드라이 리허설 이후 변동된 연기자의 위치에 대해서는 조명 포커싱을 다시 진행하기도 한다.

마당에 거실의 강한 조명이 떨어져 밤 분위기를 연출한다.

▲ 거실 조명으로 밤 분위기를 연출한 마당

거실 세트 위에 2KW SPOT LIGHT를 설치하여 강한 빛으로 마당에 투사한다.

▲ 거실 안 조명 등기구

✪ 조명 콘솔의 메모리

스튜디오에서 점등된 내용을 부조정실의 조명 콘솔에 저장하고, 녹화 시 저장된 내용을 재현하는 작업을 한다. 조명 패치는 기본적으로 콘솔의 패더에 메모리를 시키고 녹화 시 대본의 시제와 분위기를 파악하여 조명 감독의 지시로 조명 오퍼레이터와 함께 점등을 시켜 조명을 조절한다.

조명 콘솔에 메모리할 때는 빈도 높게 등장하는 세트는 세분하게 조명을 메모리하고, 1~2번 등장하는 세트는 간단하게 조명을 메모리하여 한정된 조명 페더를 더욱 효율적으로 사용한다.

조명 오퍼레이터가
스튜디오 조명 선임자가
불러 주는 오더를 받고
콘솔에 패치한다.

▲ 부조정실에서 조명 콘솔 점등

✪ 드라이 리허설 참여

드라이 리허설은 주로 오전에 진행하며, 조명 감독과 플로어를 담당하는 조명 담당자가 함께 콘티 대본(방송대본)을 체크한다.

리허설 시 스튜디오 세트에 기본적인 조명 등기구를 점등시켜 연기자의 동선과 조명 설치와의 관계를 살펴보고, 필요한 등기구의 수정이나 설치를 보강한다.

리허설 도중이나 직후에 필요한 등기구는 현장에서 추가로 설치하거나 포커싱을 다시 하게 되는데, 이는 녹화 시 가급적 조명으로 인한 제작 시간을 절약하기 위함이다.

▲ 리허설 참여 중인 조명 감독(필자)

☆ 카메라 조정 조명 설치

카메라 조명은 녹화 당일 세트 중 가장 많이 등장하는 곳에서 실시하며, 사용되는 조명 등기구의 좌우 조도의 밸런스를 잘 맞추어 그레이 차트에 투사한다. 드라이 리허설이 끝난 후 녹화 개시 1시간 전에 주로 실시한다.

이렇게 기술적인 카메라 조정이 끝난 상태에서 분장이 끝난 여자 연기자(주인공급)를 모델로 하여 카메라 톤을 최종 점검한다.

피부 톤은 기술적으로 조정된 카메라를 가지고 테스트하는 실제 영상의 최종 확인 작업이다.

세트에 설치된 등기구를 점등한 상태에서 LED 등기구를 추가로 설치하여 카메라 조명으로 사용한다.

▲ 카메라 조정 조명

🎥 스튜디오 녹화 운용

녹화 시에는 부조정실에 있는 조명 감독의 지시에 따라 스튜디오 내의 조감독 또는 조명 선임자가 조명의 미세 조정이나 조명 스탠드 등의 운용을 담당한다.

조명 감독은 카메라를 통해 보이는 부조정실의 모니터를 보며 조명 인터컴으로 조명의 전반적인 내용과 지시를 신속하게 스튜디오로 전달한다.

스튜디오 제작 시 보통 10시간 내외의 긴 제작 시간이 요구되는데, 더욱 능률적인 제작을 위해 스튜디오 조명 팀은 3~4명이 두 개의 팀으로 운용된다.

📺 녹화 중 조명 수정

드라이 리허설을 마치고 녹화 전에 조명 수정을 했다고 하더라도 본격적인 녹화를 진행할 때 연기자의 위치가 조금이라도 변경이 되거나 카메라와 마이크 등의 위치와 조명과의 위치에 다소 차이가 발생할 시에는 신속하게 전달하여 등기구 조정을 실시한다.

녹화를 진행하면서 이루어지는 조명 수정 작업은 기본적인 영상 품질에 크나큰 영향을 주는 매우 중요한 작업이므로, 신속하고 정확하게 이루어져야 한다.

▲ 녹화 중 조명을 수정하고 있는 조명 요원

⊛ 영상(비디오) 감독과 협의

조명과 영상은 드라마 제작에서 가장 밀접하고 기본적인 영상을 만들어 내는 파트너이다. 세트나 인물의 톤과 색 온도의 관계와 기본적인 광량에 대해서도 협의한다. 그리고 분위기 장면(불 꺼진 상태, 스탠드 분위기)에 대한 상호 간의 합의를 통하여 최적의 영상을 도출한다.

◀ MBC 아침 드라마 《폭풍의
　여자》의 새벽 꿈 장면

창문의 달빛과 벽의 스탠드를 주광원으로
설정해 새벽 느낌을 연출한다.

▶ 《다시 시작해》의 마당 밤 장면

마당 조명은 거실에서 새어 나오는
빛과 모닥을 주광으로 처리,
테라스의 모닥(호박등)은 전기 장식팀에서
준비한 30W의 백열전구를 사용한다.

같은 장소에서 제작 시 조명 감독의 설정에 따라 조명 색을 달리 표현할 수 있다.

◀ MBC 주말극 《부잣집 아들》
　골목 밤 전경1

연기자의 배경의 대문 터치 라이트를
YELLOW 조명으로 처리한 모습이다.

◀ MBC 주말극 《부잣집 아들》
골목 밤 전경2

골목의 터치 라이트를 YELLOW가 아닌
BLUE로 처리한 장면이다. 조명 감독의
설정에 따라 같은 장소의 조명 분위기를
사진과 같이 달리 표현할 수 있다.

✿ 녹화 종료와 상시등

녹화가 종료되면 안전사고 예방을 위해 모든 스튜디오 상부의 상시등이 점등될 때까지 조명 콘솔의 전원과 스튜디오 내의 조명을 끄지 않고 조명을 밝혀 두는데, 그 이유는 녹화 종료 후 소등으로 인한 어둠으로 발생하는 안전사고의 책임은 조명 팀에게 있기 때문이다.

상시등이 모두 들어오면 조명 콘솔의 전원을 끄고 정리한다.

◀ 스튜디오 녹화 중 천장 상시
등이 꺼진 상태

천장의 상시등을 켜고 녹화를 하면
방송용 조명과 색 온도가 맞지 않고
상시등이 세트에 불필요한 그림자를
만들어 좋은 영상을 얻을 수 없다.

▶ 스튜디어 천장 상시등이 켜진
상태

녹화 전이나 휴식 시간에는 천장의
상시등을 켜고 방송용 조명 등기구를
소등시켜 램프의 수명을 보호한다.

⭐ 조명 등기구 철수와 창고 정리

조명 등기구의 철수는 설치 때와는 달리 세트를 제외한 소도구, 음향, 카메라 팀, 전식 팀 등 모든 스튜디오의 종사자가 함께 철수하므로 대단히 어수선하고 안전사고의 위험이 크므로, 서로 양보하며 천천히 철수한다.

카메라, 음향의 마이크 붐대, 전기 장식과 소도구 중에 깨지는 물품 등을 먼저 철수하고 나서 조명 등기구를 철수한다. 기본적으로 설치의 역순으로 진행하고, 다음 스튜디오 조명 진행 팀을 고려하며 철수하기도 한다.

스튜디오 조명 등기구와 조명 주변 기기의 철수를 마친 후 조명 창고에 조명 주변 기기를 보관한다. 조명 장비는 다음 조명 팀을 위해 정리 정돈을 잘해야 하며 스튜디오의 배튼이나 등기구의 이상 유무를 다음 근무자에게 반드시 알려 주어야 한다.

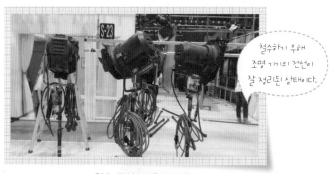

철수하기 위해 조명 기기의 전선이 잘 정리된 상태이다.

▲ 철수 중인 스탠드 조명

조명 장비를 보관하기도 하고, 간단한 정비와 녹화 중간에 휴식을 취하기도 하는 공간으로 활용한다.

▲ 정리를 마친 조명 창고

🎥 조명 안전

드라마 스튜디오 조명은 대략 200개 이상의 등기구를 사용하고 100kw 이상의 전기를 사용하기 때문에 전기에 대한 일반 지식은 물론 전기 안전에 대하여 항상 신경을 써야 하고 조명 배튼의 상하강 시 세트 배튼이나 세트의 상부에 걸려 문제가 발생하지 않도록 해야 한다.

특히, 조명 등기구를 잘못 연결하여 그로 인한 과부하로 조명 등기구의 꺼짐에 유의해야 한다.

영상 및 음향 기계실은 부조정실 안에 위치하고 있지만 조명기기는 전기 사용량이 매우 크기 때문에 별도 공간에 냉방시설을 갖추고 관리한다. 부조정실의 콘솔이 컴퓨터의 '키보드'라고 하면 조명 디머실은 '메인 보드'라고 설명할 수 있다.

▲ 조명 디머실

🎬 조명 팀 간 의사소통

조명 팀 간의 기본적인 의사소통은 문자나 전화로 진행되었으나 최근에는 SNS의 발달로 인터넷 밴드나 단체 카톡방을 이용하여 드라마의 정보나 사진 자료를 공유하기도 한다.

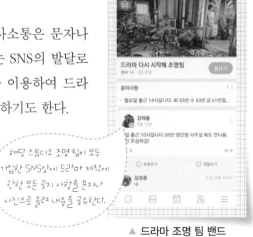

해당 스튜디오 조명 팀이 모두 가입한 SNS상에 드라마 제작에 관한 모든 공지 사항을 문자나 사진으로 올려 내용을 공유한다.

▲ 드라마 조명 팀 밴드

🎞 조명 정비

간단한 정비는 현장에서 정비를 하지만 배튼의 이상이나 회로 불량 등의 경우에는 조명 정비 팀에게 자세한 증상과 고장 원인을 전달하여 처리한다.

조명 감독은 배튼의 이상 시 응급 처치에 대한 기본적인 매뉴얼을 항상 숙지하고 있어야 한다.

🎬 조명 필터

20여 년 전에는 방송에서 많은 필터를 사용했지만, LED 장비가 보급되고 조명 효과기에 장착된 컬러로 배색을 하는 관계로 최근에는 원색적인 필터보다는 확산 필터나 색 변환 필터를 많이 사용하는 편이다.

국내산은 없고 주로 일본 제품이나 미국 제품을 사용하고 있는데, 가격을 고려하여 미국산 LEE 제품을 가장 많이 사용한다.

🔹 주로 사용하는 조명 필터의 종류(LEE 제품)

\# 129 Heavy Frost
\# 200 Double CTB(Color Temperature Blue)
\# 201 Full C.T.B
\# 202 1/2 C.T.B
\# 203 1/4 C.T.B
\# 204 Full C.T.O(Orange)
\# 205 1/2 C.T.O
\# 206 1/4 C.T.O
\# 210 .6 N.D(Neutral Density)
\# 211 .9 N.D
\# 216 White Diffusion
\# 250 Half White Diffusion

▲ LEE #129 필터

드라마에서
가장 많이 사용하는
확산 필터 중 하나로
조명 등기구에 장착하거나
씌워서 사용한다.

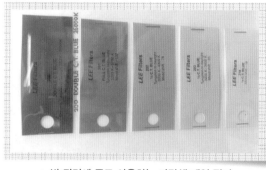

▲ 밤 장면에 주로 사용하는 파란색 계열 필터

할로겐 등기구에 적용하며
진한 Blue 필터일수록
색 온도가 상승한다.

▲ 실내 터치 라이트로 사용하는 오렌지색 조명 필터

오렌지색이 진할수록
색 온도가 떨어진다.

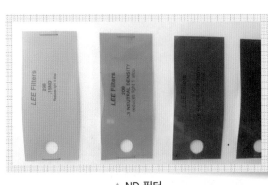

색 온도는 유지하면서
빛의 밝기만 떨어뜨리는
효과를 가진 필터로
낮 장면의 창문 빛이
밝은 경우에 사용한다.

▲ ND 필터

파라핀 필터

습자지처럼 얇은
유산지로 제작된 필터로
적당한 빛 밝기를 조절하며
빛의 확산은 LEE #129보다 적고
LEE 확산 필터에 비해
값이 매우 저렴하다.

▲ 파라핀 필터

 **영상 감독**

영상 감독 또는 '스튜디오 컬러리스트'라고 한다. 카메라를 통하여
비추어진 연기자나 세트를 드라마의 내용에 맞게 사실감 있는 영상을
여러 장비를 통하여 자연스럽게 표현하는 업무이다.

🎥 기본 업무

드라마는 야외에서 ENG 카메라로 촬영하는 영상과 스튜디오에서 촬영
하는 영상을 편집해서 전체적인 영상을 구성한다.

드라마 영상은 스튜디오에서 카메라 감독이 구성한 shot에 대하여 기술
적인 영상을 책임지는 업무이고, 이러한 업무를 하는 감독을 스튜디오 영
상 감독(비디오맨)이라고 부른다. 다른 표현으로는 '스튜디오 비디오 메
이킹'이나 '스튜디오 컬러리스트'라고 부르기도 하며, 스튜디오 카메라의
COLOR나 카메라의 노출(exposure) 등을 조정한다.

방송사마다 조금씩 차이는 있지만, 드라마 영상 감독은 엔지니어로 입사
해서 2~3년 정도 카메라의 기본적인 영상 업무를 진행한 후에는 스튜디오
드라마 영상 업무를 하게 된다.

📺 카메라의 조정

그레이 차트를 사용하여 스튜디오 드라마에 사용되는 카메라(3~5대)의
기계적인 밸런스를 맞춘다. 드라마의 톤과 화이트 밸런스, 블랙 밸런스,
감마, 플레어, 색조 등 기계적인 조정을 한다.

최근 카메라는 메모리 기능을 통하여 본인이 조정한 값을 카메라 자체에 저장하여 두었다가 같은 드라마 녹화 시에 본인의 파일을 불러내어 부분적으로 수정 보완하면서 조정할 수도 있다.

조정이 끝난 카메라의 정확히 조정 상태는 분장을 끝마친 여자 연기자(주로 여주인공)를 모델로 하여 디테일 등을 결정하고 피부 톤을 조정하면서 색 보정도 함께 조정한다.

조정 시간은
약 30분 정도이다.

영상 감독은
녹화 개시 시간 전에
비디오 데스크에서
그레이 차트를 잡은
카메라를 조정한다.

▲ 영상 조정 장면

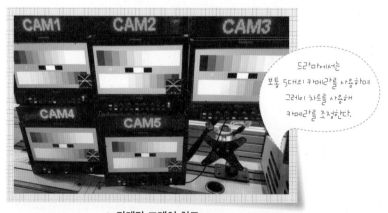

드라마에서는
보통 5대의 카메라를 사용하며
그레이 차트를 사용해
카메라를 조정한다.

▲ 카메라 그레이 차트

MBC 일일극
《최고의 연인》의
카메라 스킨 톤 모습이다.

카메라의 위치와
조명의 각도에 따라
같은 장면의 웨이퍼폼
파형이 조금씩 다르다.

▲ 조정 중 웨이퍼폼과 인물

🎞 대본과 분위기 조정 체크

대본 체크 시 대본의 내용도 체크하지만, 시제를 중점적으로 체크하면서 장면과 장면 사이의 차이에 대한 인물 톤을 체크한다.

기본적으로는 밤은 실제와 같은 밤다운 분위기로, 낮은 낮다운 분위기로 표현하려고 한다. 드라마상에서 불이 꺼진 상태나 스탠드 분위기 장면 등은 조명 감독과 협의하여 연출한다.

드라마에서는 3~5대의
카메라를 사용하는데
한 손으로 2대 이상의
카메라 조리개를
조정하기도 한다.

▲ 아이레스(조리개) 조정 중인 영상 감독

전기스탠드를
주광으로 설정하고
카메라 앞쪽에
어두운 장식장을 겹쳐 잡아
허전한 공간을
자연스럽게 처리한다.

▲ MBC 일일 드라마 《다시 시작해》의 식탁 장면에서의 조명

✤ 녹화와의 관계

녹화 시작 전에는 녹화 감독(녹화 근무자, 서버 관리자)와 함께 부조정실 내의 모든 영상 장비에 대해 체크 및 점검을 하고 간단한 정비는 즉석에서 처리하며 이상이 있는 장비는 정비실에 이관하는 작업을 한다.

제작하면서는 불필요한 장면의 체크(일명 '바래루')나 카메라 감독이 잡은 화면 포커싱의 선명도 여부 등을 판단하고 서로 공유한다.

최근에는 영상과 녹화 업무의 경우 서로 교차해 가며 근무하는 편이다. 그러므로 스튜디오 프로그램 제작에서 비디오를 담당하는 엔지니어는 어디서나 영상과 녹화 업무를 원활하게 할 수 있어야 한다.

✩ 조명과의 관계

드라마에서 영상과 조명은 '그림'을 만드는 매우 밀접한 관계이고 광원의 색 온도에 대한 의견 교환과 연기자와 세트의 밝기에 대해 의견을 나누고 분위기 장면을 서로 공유한다.

특히, 드라마 적정 조도(밝기)에 대한 내용과 야외 영상과의 색감에 대해 논의하고 합의한다. 드라마 제작 시 부조정실 스태프 중 가장 많은 대화를 나누면서 제작하기 때문에 같은 부서와 녹화 시 근접하여 일을 하게 된다.

조명과 영상은
드라마의 그림을 만들기 위해
많은 대화를 나누기 때문에
부조정실 설계 시
근접한 곳에 자리한다.

▲ 영상 데스크(왼쪽) 및 조명 콘솔(오른쪽)

🎥 리허설 참여

스튜디오 리허설에 참여하여 연기자의 피부 톤의 확인이나 세트의 질감 등을 확인하여 본 녹화 시 반영한다.

특히, 연기자와 피부 톤에 대한 의견을 나누고, 더욱 최적화된 피부 톤의 연출을 위하여 점검한다.

▲ 영상 데스크를 부분 조명으로 처리하여 제작하고 있는 영상 감독

 **녹화 감독**

스튜디오 영상 제작의 녹화 업무를 담당하고 '서버 매니저'라고도 한다.
기술 감독의 스위칭을 통하여 녹화되는 영상을 서버에 기록하며
미디어 스테이션으로 송출하는 업무와 스튜디오 제작의 마지막 '모니터'를 관장하기도 한다.

🎥 기본 업무

드라마 제작의 녹화 과정은 크게 세 가지로 이루어지는데, 첫 번째 부조 정실 녹화, 두 번째 편집실에서 편집, 세 번째 종합 편집실에서 완제품(최종 편집) 제작으로 구성된다. 그중 첫 번째에 해당되는 영상과 음향의 마지막을 수용하고 책임지는 업무이다.

녹화 감독 또는 '서버 매니저'라고도 하고, 엔지니어로 입사하여 6개월 정도 트레이닝을 거친 후 드라마 제작에 투입된다.

📺 녹화 전 업무

영상 감독과 함께 부조정실의 영상 기기의 파워와 장비의 작동 상태를 파악하고, 전 근무자의 전달 사항과 지난주 녹화 시 문제점 등을 숙지하여 해결하며 스튜디오 리허설에 참여하여 현장 분위기를 파악한다.

기본적으로 부조정실의 대부분을 차지하고 있는 영상 장비의 모든 것을 영상 감독과 함께 관리 감독을 진행한다.

⚙ 테이프 or 파일

최근의 드라마 제작 형태는 테이프보다 서버나 파일을 사용하는 방법으로 녹화 방법이 바뀌고 있다. 수년 내에 드라마를 비롯한 스튜디오 녹화 시스템에서 서버 녹화가 주류를 이룰 전망이다.

서버 녹화의 장점은 '다시 보기'가 용이하고, '무한 복제'가 가능하며, 테이프의 열화로 인한 원본의 손실이 거의 없다는 점이다. 또한 스튜디오에서 제작되고 있는 카메라 대수만큼 거의 모든 장면의 녹화가 가능하기 때문에 편집자가 편집할 때 사용할 수 있는 보충 영상이 풍부하다.

서버 녹화의 단점은 컴퓨터의 작은 클릭으로 인한 실수가 녹화에 손상을 가져올 수 있고 녹화 확인의 실시간 모니터가 아직은 불가능하다는 점이다. PC 기반이기 때문에 버그의 우려도 있다. 그러나 최근의 장비는 이러한 단점이 빠르게 보완되고 있는 편이다.

서버에 녹화된 영상을 확인해 보려면 녹화 사이사이에 파일을 돌려 '다시 보기'로 녹화된 상태를 확인하면서 체크할 수 있다.

상단 모니터에 드라마의 제목과 녹화 중을 나타내는 붉은색 RECORD 표시가 보인다.

▲ 서버 녹화 장면

👑 영상의 체크

　녹화되는 영상을 보며, 영상 감독에게 전반적인 톤과 밸런스에 대해 의견을 교환하며 더욱 나은 영상을 추구하는 데 일조한다.

　영상과 음향의 최종 단계이므로 불필요한 마이크 그림자나 노출, 그리고 세트의 불필요한 장면이 녹화되는 경우에는 스크립터와 상의하여 후반 작업의 가능 여부를 판단해서 기술 감독이나 연출자에게 고지한다.

　그리고 함께 근무하는 스크립터에게 녹화 시 불필요한 부분이 노출되었다면 후반 작업의 가능성에 대해 요청하고 스크립터를 통하여 일정 부분 문제 해결의 단초를 제공한다.

▲ 부조정실 내 녹화 감독(왼쪽)과 스크립터(오른쪽)

☆ 부조정실 영상 장비의 정비

　부조정실의 기본적인 영상 장비를 영상 감독과 점검하여 녹화 시 안정적인 장비 운용을 한다. 녹화 전에 특히 카메라 감독이 사용하는 뷰파인더의 상태와 카메라 인터컴의 송수신 등을 잘 점검해야 한다.

　카메라 이상 시에는 스튜디오 안에 가서 부조정실의 영상 감독과 크로스로 체크하면서 고장의 원인을 찾고 해결하기도 한다. 필요에 따라서는 사용하지 않는 다른 부조정실의 동종의 장비로 대체해 처리하기도 한다.

　녹화 종료 후에는 문제가 발생한 장비의 고장 원인을 파악하여 다음 근무자에게 전달해서 다음 녹화에 지장이 없도록 해야 한다.

종합 편집

드라마의 '품질관리(QC)'를 통해 프로그램 완제품(본방송품)을
만드는 업무이다. 완제품 편집, 색 재현, 특수 영상, 미디어 스테이션을 진행하며,
송출 직전의 모든 영상과 음향을 담당한다.

🎥 기본 업무

종합 편집 업무는 기본적으로 네 개의 파트가 유기적으로 움직이면서 드라마 편집에 참여하고 있다.

다음에 네 가지 파트의 업무를 간단하게 정리해 보았다.

📺 최종 편집 업무

편집의 마지막 단계로 1차 편집실에서 넘어온 파일(테이프)에 타이틀과 드라마 내용에 필요한 자막과 음악을 삽입시켜 완제품을 만든 뒤, 미디어 스테이션을 통하여 방송 준비실(송출 파트)로 보내는 업무를 말한다.

편집실에는 기술 감독(Technical Director)과 영상 및 음향을 담당하는 편집 감독(Edit Director) 등 엔지니어 2명과 연출자 또는 조연출과 음악 오퍼레이터나 음악 감독 등이 완제품 제작에 참석한다. 외주 제작 프로그램의 경우에는 외주 제작 프로듀서가 참석하기도 한다.

일일극의 경우에는 완제품을 만드는 시간은 비교적 일정하지만, 미니 시리즈의 경우에는 늦은 대본과 촉박한 촬영 일정 등으로 인하여 방송 당일 종편을 하는 경우가 종종 있다.

방송 전날에 제작하는 주말극이나 일일극 등은 파일이 기반인 서버로 완제품을 만드는 편이고, 방송 당일 종편을 하는 미니 시리즈의 경우에는 테이프로 제작해서 사용하고 있다.

▲ 드라마 완제품 종합 편집실 내부

🎬 색 재현 업무

야외나 스튜디오에서 촬영된 영상을 더욱 사실감 나게 구현하는 작업을 말한다. 더 나은 색 재현을 하려면 야외 촬영 시 많은 정보를 담을 수 있는 raw 촬영으로 제작해야 한다.

즉, 색 재현실에서는 원본에 색을 입힐 수 있는 광량이 많아야 연출자가 원하는 색을 구현할 수 있는 것이다.

드라마에서는 촬영 전에 연출자와 색 재현 담당자(컬러리스트), 그리고 촬영 감독이 수시로 회의를 거쳐 색 재현과 촬영에 대한 논의를 해야 하고 시범적인 촬영과 테스트를 거쳐야 한다.

색 재현 작업을 하는 사람은 컬러리스트(colorist)라 부르는데, 새롭게 부각되는 신종 편집 업무로 부상하고 있다.

야외 장면은 색 재현실에서 연출이 원하는 색으로 재탄생된다.

▲ 색 재현 장비

사진으로는 크게 차이가 없어 보이지만 동영상으로는 차이를 느낄 수 있다.

▲ 색 재현 전후

🎬 특수 영상 업무

특수 영상 팀의 가장 주된 업무는 'VFX'라고 말할 수 있다. VFX란 시각적인 특수 효과(Visual FX)를 말한다. 존재할 수 없는 영상이나 촬영 불가능한 장면 또는 실물을 사용하기에는 문제가 있는 장면을 촬영하기 위해 이용되는 기법과 영상물을 통틀어 말한다. 컴퓨터를 이용한 제작을 뜻하는 CG(Computer Graphic)는 VFX에 포함되는 개념이다.

스튜디오나 야외에서 제작한 영상을 더욱 사실감 있고 완성도 있게 수정하는 작업을 말한다.

예를 들어, 공연장이나 객석의 관중이 적을 때 특수 효과를 이용하여 많은 관중을 만들거나 길에 없는 자동차를 여러 대 만드는 작업을 진행한다. 특별한 경우에는 연출 팀과 함께 야외 현장에 가서 주변을 고화질로 촬영해 해당 화면의 특수 영상 제작 시 활용하기도 한다. 또한 드라마의 메인 타이틀을 제작하기도 하고, 조연출이 준비한 예고에 대한 제작에도 참여한다. 매일 방송되는 드라마의 메인타이틀의 경우 대략 3~4일 정도 소요된다.

부수적으로 마이크 그림자나 마이크의 노출, 그리고 연기자가 입은 상표 로고나 야외 녹화 시 주변의 특정 상가의 간판을 지우거나 없애는 작업과 새로운 로고를 삽입시키는 작업도 진행한다. 경우에 따라 PPL도 계약된 시간보다 많이 노출되었을 경우 일부 지워서 방송되기도 한다.

CG 작업 전 화면으로 하늘 부분이 스튜디오 천장으로 인해 어둡다.

▲ MBC 일일 드라마 《엄마의 정원》의 낮 장면

CG 작업으로 스튜디오 천장이 낮처럼 환해졌다.

▲ 특수 영상실에서 CG 처리한 후의 낮 장면

▲ 조선시대 궁궐을 재현한 장면

특수 영상실에서
마이크를 지운 화면이다.

▲ 녹화 중 마이크가 노출된 화면

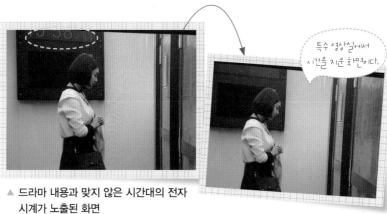

특수 영상실에서
시간을 지운 화면이다.

▲ 드라마 내용과 맞지 않은 시간대의 전자
시계가 노출된 화면

☆ 미디어 스테이션 업무

파일 기반의 제작 워크플로우에서는 야외나 스튜디오에서 촬영된 소재(테이프 또는 파일)들이 모든 편집 장비들이 공유하는 중앙의 공유 스토리지에 저장되어야 하며, 미디어스테이션에서는 이러한 소재들을 공유 스토리지에 프로그램별로 할당된 영역에 저장하고, 편집에 사용할 수 있도록 편집 장비에 파일을 등록해 주는 작업을 한다.

또한 편집이 끝난 파일을 각 워크 그룹(색 재현실, 특수 영상 제작실, CG실, 종합 편집실 등)으로 용도에 맞는 파일 포맷으로 변환하여 전송해 주는 업무를 수행한다.

기타 프로그램이 신규 제작을 시작하기 전 특성에 맞는 편집 코덱의 선정 및 편집실 배정, 편집 중 발생하는 장애 처리 등의 편집 지원 업무를 수행한다.

테이프로 제작되는 시스템이 아니기 때문에 드라마에서 미디어 스테이션은 매우 중요한 역할을 한다. 더욱이 서버로 제작하는 환경으로 변하고 있기 때문에 미디어 스테이션 업무는 지속적으로 발전하리라고 본다.

▲ 미디어 스테이션실

🐾 종합 편집 후반 작업

드라마나 예능 프로그램을 스튜디오나 야외에서 녹화하는 과정을 전반 제작(Pre-Production)이라고 한다. 그리고 촬영된 영상이나 음향 등의 제작물은 NLE 편집기를 거쳐 CG(VFX), 색 보정, Sound-mix 과정을 거치는데, 이를 후반 작업(Post production)이라고 한다.

드라마 상황상 특수한 장면들을 CG로 처리해야 하는 경우가 종종 있는데, 이때 조명 감독은 후반 VFX Director와 상의하여 특수 영상을 좀 더 쉽게 제작할 수 있도록 한다.

📺 후반 작업을 위한 협의

UHD 드라마로 제작되는 ≪부잣집 아들≫의 스튜디오 녹화 중 아버지와 딸이 아파트 거실 베란다에서 맥주를 마시면서 밤하늘에 떠 있는 '달'을 보며 담소를 나누는 장면의 대본과 연출 내용을 소개하고자 한다.

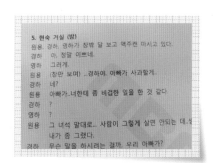

▲ 작가가 집필한 대본

4대의 카메라가 사용되었고 4번 카메라가
크로마키 작업을 위한 장소로 콘티가 구성되었다.

▲ 연출자가 콘티 작업을 마친 대본

연출자와의 협의

연출자와 후반 작업이 필요한 shot의 카메라 앵글 구도와 세트 구성에 대한 이야기를 나누며 어떻게 찍을 것인지 사전에 협의한다.

후반 작업 VFX 담당자와의 협의

VFX 담당자와 전화 통화 등을 통해 세트와 조명이 처리할 공간에 대한 의견을 나누고, 달이 떠있는 밤하늘 장면을 명료하게 처리하기 위해 크로마키 부분에 대한 조명 처리에 대해 상의한다.

세트 디자이너와의 협의

세트 디자이너와 협의하여 CG 처리가 될 크로마키의 배경색은 BLUE 벽채 세트로 처리하기로 한다. 또한 반투명 유리창 밖으로 파란색의 크로마키가 투과되면 유리창에 비치는 부분이 파란색이 아닌 회색에 가까운 밝은 하늘색이 되어 후반 작업에서 크로마키 작업할 때 keying이 잘 되지 않는 문제점이 있다. 그래서 후반 작업자의 요구대로 유리창에 비치는 부분은 검은색 밤하늘 느낌을 주기 위해 검은색 부직포를 설치한다.

카메라 감독과의 협의

카메라 감독과 연출이 요청한 shot에 불가피하게 노출되는 조명 등기구는 노출되지 않도록 협의한다.

🎞 스튜디오 진행 과정

검은색 부직포를 사용하여 산란광을 차단하는 경우에 해당한다.

거실 안쪽의 조명 산란광이
BULE 배경색에 투사되고
있다.

▲ 왼쪽의 반투명창에 검은색 부직포를 사용하지 않는 장면

좌우의 간
유리창에 검은색
부직포를 설치해
거실의 산란광을
차단한 실제 노출
장면이다.

▲ 검은색 부직포를 처리한 장면

🎬 완성된 후반 작업

거실 안쪽의 조명
산란광이 BULE
배경색에 투사되고
있다.

▲ 특영실에서 후반 작업을 마치고 난 실제 화면

연기자의 얼굴에 블루 조명으로
처리하여 달빛 효과를
연출하였다.

▲ 베란다 밖에서 연기 장면을 촬영한 실제 화면

☆ 결과

드라마가 점차 영화처럼 제작되면서 후반 작업(Post production)이 차지하는 비중이 매우 높아졌다. 특히 다양한 CG 처리가 필요한 장면들 때문에 VFX 제작 담당자들과 전반 촬영 팀과의 소통이 더욱 중요시되고 있다. 후반 작업 담당자가 촬영 현장에 나와 CG 컷들을 직접 연출하면 좋지만, 근무 여건상 쉽지 않은 구조이기 때문에 연출 팀과 조명 감독, 촬영 팀 및 세트 디자이너와 사전 조율을 해서 작업하기 좋은 그림으로 촬영이 진행될 수 있도록 해야 한다.

특히, 크로마키에 조명이 골고루 퍼지게 비추어야 하고, CG가 된 그림을 상상하여 조명 감독이 분위기에 맞는 영상 연출을 하는 것이 중요하다.

스튜디오 음향 감독

드라마에서 마이크를 통하여 연기자의 음성을 정확하게 픽업하는 업무이다.
극의 내용에 따라 연기자의 목소리 완급을 조절하고 여러 효과를 통하여
주변의 소리를 가장 정확하게 픽업한다.

🎥 기본 업무

드라마의 내용을 바탕으로 기존의 녹화 및 타 드라마 모니터링을 통하여 확인한 출연 연기자의 음색과 발성 등을 먼저 체크한다. 이후 해당 드라마의 인터넷 카페에 회원 가입을 하여 대본을 내려받아 미리 읽어 보고 난후, 전반적인 음향에 대한 설계와 준비한다.

음향 감독은 엔지니어로 입사해서 3~4년 정도 음향 관련 업무를 하다가 드라마의 음향 업무를 진행하는 편인데, 콘솔을 사용하는 방법이나 음색에 대한 음향 감독의 성향에 따라 분위기가 다른 음색이 연출되기도 한다.

📺 스튜디오와 세트의 체크

마이크 붐 오퍼레이터(마이크맨)와 함께 리허설 전에 스튜디오의 세트를 점검하여 마이크 붐 스탠드(Boom Dolly)의 사용 구역을 확인한다. 세트가 걸려 설치가 어려운 곳은 미술 디자이너에게 보강 또는 변경을 요구하기도 하고, 경우에 따라서는 세트의 일부를 제거하기도 한다.

냉난방이나 환기를 위한 공조는 녹화 1시간 전에 공조실에 연락하여 녹화 시 공조에 의한 팬 소리가 음향의 수음(Pick up)에 지장 없도록 조치한다.

일반적으로 녹화 시작 전까지 충분하게 냉난방을 한 후 녹화 시에는 아주 약하게 가동하는 편이다.

🎞 스튜디오 붐 오퍼레이터(마이크맨)

드라이 리허설 시 음향 감독과 함께 모든 장면에 필요한 마이크와 붐의 위치를 확인하고 대본에 체크하여 음향 감독에게 전달하는 업무를 한다. 스튜디어 붐 오퍼레이터의 운용에 따라 연기자의 대사 픽업이 굉장히 중요하기 때문에 부조정실의 음향 감독과의 호흡이 중요하다. 일반적으로 5년 이상 숙련된 스튜디오 음향 담당자와 1~2명의 외주 오디오맨을 기용하기도 한다. 외주 오디오맨의 인건비는 드라마 제작비로 충당한다.

🎭 조명 감독과 협의

드라마 녹화 시 마이크 그림자가 화면에 노출되면 여러 스태프들이 움직이면서 그림자를 없애기 위해 노력한다. 그림자가 화면에 노출되는 이유는 음향과 조명 카메라 shot, 그리고 연출자의 콘티 등 관련 스태프의 일정 부분이 조금씩 해당된다.

마이크의 위치가 조명 등기구 위치와 같은 방향이거나 마이크 스탠드와 카메라의 위치가 서로 마주보며 녹화할 경우에는 카메라 방향에서 연기자에게 비춘 조명으로 연기자의 얼굴이나 세트에 마이크 그림자가 생길 수 있다.

조명 감독과 협의하여 일정 부분 옮기거나 조율하기도 하고, 마이크 그림자도 조명팀과 협의하여 조절한다. 세트에 비추는 그림자는 카메라 shot이나 연기자의 위치 등을 조절하여 상쇄하기도 한다.

경우에 따라서는 세트의 질감 등을 파악하여 세트의 어두운 부분에 마이크의 그림자를 숨기기도 하고, 불가피하게 화면에 노출된 마이크의 그림자는 영상 후반 작업(특수 영상 작업)을 통하여 화면에서 인위적으로 지우기도 한다.

드라마 운용상 조명 등기구의 온오프(ON/OFF) 시 열에 의한 등기구의 뒤틀림으로 발생하는 등기구의 소음은 온도가 떨어질 때까지 기다리거나 후반 작업에서 처리하기도 한다.

음향 케이블은 전압에 민감하기 때문에 강전을 사용하는 조명 케이블 가까이에 포설하면 연기자의 대사 시, 노이즈 등이 발생하기 때문에 조명 케이블에 겹치지 않게 거리를 두고 포설해야 한다.

☆ 스튜디오 마이크와 붐(붐 스탠드)의 체크

음향의 마이크 수음 체크 시, 붐 스탠드의 운용 시 잡음이나 기타 불량한 것은 없는지를 마이크 담당자와 확인하여 교체하기도 한다. 주로 리허설이 끝난 이후 녹화 30분 전에 스튜디오와 부조정실의 음향 콘솔에서 스튜디오 음향 담당자와 음향 감독이 인터컴이나 마이크를 직접 사용하며 체크한다.

특히, 중요한 것은 대본에 체크된 마이크 번호와 음향 콘솔에서 패치된 번호가 일치하는지를 확인하여 실수가 없도록 해야 하는 것이다.

마이크 번호가 패치된 콘솔과 연기자별로 다른 마이크 번호를 표시해 둔 대본이다.

콘솔의 C는 천장에서 아래로 내리는 Cieling 마이크를 말하며, W는 벽에 장착된 Wall 마이크를 말한다.

▲ 음향 대본과 음향 콘솔

🎥 마이크 윈드 스크린 사용 여부

최근 스튜디오 드라마에서는 기본적으로 마이크에 윈드 스크린은 사용하지 않는다. 마이크 그림자가 세트나 인물에 원래의 마이크보다 크게 노출될 수도 있고 사용 시 소리의 명료도가 다소 떨어지기 때문이다.

하지만 공조등의 미세한 바람이 마이크에 떨어져 진동이 생기는 현상을 막기 위해 혹은 주위의 작은 잡음 제거하고자 하는 경우에는 마이크에 윈드 스크린을 장착하여 사용하기도 한다.

드라마에서 가장 많이 사용하는 마이크로 스튜디오에서는 연기자의 대사 이외의 주변 소음이 거의 없기 때문에 마이크에 윈드 스크린을 사용하지 않고 픽업한다.

▲ 윈드 스크린이 없는 드라마용 일반 마이크

스폰지 종류의 재질로 만들어진 윈드 스크린은 스튜디오 상부에서 바닥으로 향하는 공조 바람 소리 등을 차단하기 위해 사용한다. 이때 윈드 스크린을 사용하면 대사의 명료도가 다소 떨어지는 단점이 있다.

▲ 윈드 스크린 마이크

📺 세트 마이크 부착 여부

마이크 붐 스탠드가 미치지 않은 곳에서 연기자가 연기 시 연기자의 가까운 세트 상부에 집게로 마이크를 고정을 시키거나 바닥에 마이크용 숏 스탠드를 사용하여 수음(Pick up)하기도 한다.

이때 주의할 것은 연기자의 위치와 시선 방향에 대하여 반드시 약속을 해야 한다. 왜냐하면 마이크가 고정된 상태이기 때문에 연기자의 시선이 바뀌면 대사의 픽업이 곤란해지기 때문이다.

마이크 붐 스탠드가 미치지 않는 곳에서
연기자가 대사를 하는 경우, 부직포로 제작된
세트 천장에 구멍을 뚫어 마이크를 설치한다.
이때 마이크는 고정된 상태이므로
연기자가 대사하는 위치를 정확하게 지정해 주어야 한다.

▲ 세트 천장에 설치한 마이크

붐 스탠드 사용이 어려울 경우 마이크 자바라를
사용해서 세트에 부착한다. 각도 조절이 가능하기
때문에 연기자의 위치에 따라 조정할 수 있다.

▲ 세트 마이크 자바라

▲ 마이크 붐 스탠드를 운용하고 있는 오퍼레이터

⚙ 이동용 마이크 붐대 사용 여부

마이크 붐 스탠드의 사용이 어려운 곳에서 연기자가 앞뒤·좌우로 움직이면서 연기할 때 카본 등 가벼운 재질로 제작된 수동용 붐 스탠드를 사용하기도 한다. 이 경우 마이크 담당자는 반드시 장갑을 착용해서 붐대 운용 시 손 떨림에 의한 잡음을 줄이기 위해 노력을 해야 한다.

녹화시 연기자의 대사가 고정으로 설치된 마이크에 제대로 수음이 안되는 경우에 대비하여 사다리를 사용해 마이크의 방향을 손으로 조정하거나 연기자의 위치를 조정해 진행한다.

붐 마이크 영역을 벗어난 위치에서 연기자가 대사를 할 경우에 대비하여 사진과 같이 마이크 운용자가 세트 상단에 엎본 마이크를 안 보이게 설치하여 진행한다.

▲ 세트 위에 고정 마이크를 설치하는 모습   ▲ 마이크 설치를 마친 모습

⚙ 무선 마이크 사용

자주는 아니지만 드라마 내용상 연기자는 특수한 경우(예를 들어, 숨을 거두면서 마지막 유언을 하는 장면)에 무선 마이크를 사용한다. 연기자의 옷에 무선 마이크를 부착할 때는 연기자의 움직임으로 스치는 소리가 나지 않도록 주의해야 한다.

붐 스탠드에 설치해서 사용하는 무선 마이크는 마이크용 선이 없는 관계로 붐 스탠드의 이동과 운용에 유리하지만, 음향 콘솔에서 음향의 gain 상승 시 노이즈 등이 미세하게 발생하기 때문에 자주 사용하고 있지 않다.

▲ 드라마 세트 바닥에 설치한 마이크
shot 스탠드와 무선 마이크

☆ 효과맨의 관계

스튜디오에서 연기자가 이야기하는 대사 이외의 모든 소리(전화벨 소리, 마음의 소리, 전화 녹음 등)를 음향 감독에게 보내며 연기자가 연기에 대한 감정을 상승시킬 수 있도록 도와준다.

효과음에 대한 전체적인 음의 밸런스는 음향 감독이 관리한다. 연기자의 녹음은 조연출이 진행하고 효과맨이 녹음을 저장한다.

녹화 직전 해당 연기자는 부조정실 녹음 부스에서 녹음을 한다. 이때 음향 감독은 보다 나은 녹음을 위하여 연기자에게 마이크 사용법 및 목소리의 감정 등에 대하여 조언하기도 한다.

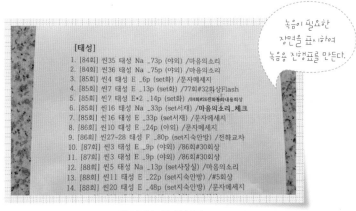

▲ 연기자 녹음 큐시트

🎥 부조정실 인터컴

보이지는 않지만 드라마 녹화 시 가장 중요한 기본 방송 장비 중 하나가 바로 인터컴이다. 인터컴이 중요한 이유는 드라마를 비롯하여 모든 제작의 출발은 보이지 않은 스태프와의 의사소통이기 때문이다.

스튜디오 제작의 출발도 연출자 앞의 마이크로 큐 사인을 하여 시작한다. 따라서 음향 감독은 녹화 전에 영상 감독과 함께 무선 인터컴과 카메라 인터컴에 대한 정확한 체크를 통해 이상 유무를 판단해 조치를 취해야 한다.

특히, 음향 감독은 연출자와 무대 진행자(FD)의 인터컴을 특별히 점검해야 하고 당일 가장 양호한 제품을 FD에게 제공해야 한다.

▲ 스튜디오에서 사용하는 인터컴

▲ 박스에 보관된 인터컴

📺 음향 장비의 보수

단순하고 기본적인 장비는 스튜디오 음향 담당자와 함께 바로 정비하는 편이고 특수한 장비나 교체에는 음향 정비 팀에게 이관하여 해결한다. 스튜디오 제작 시 문제가 된 내용은 다음 근무자에게 반드시 알려 주어야 한다.

음향 후반 작업 (사운드 믹스)

스튜디오와 야외에서 제작된 소리를 완성하는 업무이다.
필요한 소리와 잡음(노이즈)을 정확하게 정리하여 드라마의 내용에 맞게
음향의 완성도를 높이는 일을 담당한다.

🎥 기본 업무

기본적으로 모든 드라마의 음향은 반드시 후반 작업을 거쳐서 방송된다. 후반 작업을 흔히 '사운드 믹싱' 또는 '더빙'이라고 한다.

더빙의 사전적 의미는 외국어로 된 영화의 대사를 해당 언어로 바꾸어 다시 녹음하는 일이라고 하는데, 통상 드라마 음향의 후반 작업도 '사운드 믹스'와 '더빙'이란 말로 사용한다.

사운드 믹스 감독은 스튜디오 음향 감독과 비슷한 경력으로 선임되며, 최근 드라마의 음향에서는 스튜디오 못지않게 음향의 마지막 품질을 좌우하는 곳으로 인식되어 그 비중이 점점 커지는 추세이다.

📺 드라마 오디오 후반 작업의 개요

연출자나 편집자가 1차 편집실에서 편집한 파일을 음향 효과팀과 사운드 믹스팀이 동시에 받아 각자의 음향에 관한 편집을 진행한다.

음향 효과 팀은 스튜디오나 야외에서 오디오 픽업하지 못한 소리나 음악을 실어 보내고, 사운드 믹서실에서는 야외의 동시 녹음의 음향과 스튜디오 세트에서 제작된 음향으로 다음과 같은 작업을 한다.

	① 소음 및 자연 음향을 지우거나 삽입	② 야외와 스튜디오 대사 톤을 일정하게 조정	③ 대사 레벨의 밸런스를 맞춤.
	④ 특수한 음향이나 효과음을 맞춤.	⑤ 배우의 후시 녹음 진행	⑥ 각종 노이즈 제거

최종 음향 파일은 완제품(방송에서는 '완제'라고 표현)을 제작하는 종합 편집실로 보낸다.

🎬 스튜디오 잡음 처리

스튜디오의 잡음은 크게 스튜디오의 소음과 조명 등기구의 소음 두 가지로 분류된다. 모든 경우 대사와 겹치지 않으면 후반 작업에서 처리가 가능하다. 그러나 대사와 겹치는 경우에는 세트에서 다시 제작해 주어야 완벽한 후반 작업이 가능하다.

그리고 조명 등기구 온·오프 시 발생되는 열 팽창에 의한 조명 등기구 뒤틀림으로 발생하는 일정한 노이즈는 대사와 겹치지 않더라도 가급적 스튜디오 세트 제작 시에 재녹화하는 것이 좋다.

▲ 드라마 음향 후반 작업을 하고 있는 사운드 편집실과 사운드 엔지니어

#3-8 효과 감독

드라마에서 음향 효과는 소리의 'MSG'이다. 대사라는 원재료에
수만 가지의 조미료로 '맛'을 가미해 드라마의 음향을
더욱 맛깔나게 만드는 소리 작업 업무이다.

🎥 기본 업무

효과는 소리의 '맛'을 내는 것이라고 정의할 수 있다. 효과를 통하여 날
씨, 계절, 시제, 위치 등을 간접적으로 표현할 수 있다.

방송사의 효과맨은 100% 프리랜서 형식으로 일을 한다. 효과와 직접적으
로 관련된 학과가 없는 편이라 방송 관련 아카데미나 유사한 방송 관련 학
과에서 공부한 학생이나 효과에 관심이 많은 사람들이 주로 입문하게 된다.
드라마 효과 음향은 이론적으로 정확한 수치나 표본이 있는 것이 아니기 때
문에 어느 정도까지 선배 효과맨의 도제 시스템으로 배우고 운용된다.

📷 부조정실 효과

드라마 녹화 시 부조정실에서의 효과는 연기자의 감정과 극의 흐름을 극
대화시키는 것에 주안점을 두고 있다. 즉, 속마음의 표현을 들려 주는 것이
나 전화벨 소리 등 대사 이외의 각종 주변음을 만들어 들려 주는 것이 가능
하다.

효과는 대부분 음향의 후반 작업으로 이루어지므로 녹화 시 대본에 효과
의 포인트를 정확하게 체크하여 후반 작업 시 신속하게 처리하여야 한다.

사진의 앞쪽에 위치한
음향 감독과
뒤쪽에 위치한 효과맨과
좌측에 연기자가
수시로 녹음을 할 수 있는
녹음 부스가 보인다.

▲ 부조정실 음향 감독의 위치와 효과맨 자리

✥ 드라마 효과 더빙

편집실에서 편집된 내용을 받아 더빙실에서 더빙 감독과 2~3명의 효과 감독이 음향에 대한 최종 더빙 작업을 진행한다.

특히, 야외 장면에서 취음하지 못한 주변의 생활 소음(자동차 지나가는 소리, 행인의 발걸음 등)을 삽입하고, 내용에 필요한 효과는 기계를 사용하거나 스튜디오에서 직접 효과맨이 영상을 보고 소리를 연출한다.

보통 효과맨(왼쪽),
음향 감독(가운데),
조연출 또는 스크립터(오른쪽)가
함께 자리하며
녹음 부스 안의 연기자는
부조정실의 사인을 보고
대사 녹음을 연기한다.

▲ 효과 녹음 장면

생활에서 소리에 필요한
작은 물건이 비치되어 있다.
생활 효과음은
녹음되어 있는 자료보다
모니터를 보고 상황에 맞게
소리를 피업한다.

▲ 효과실 내 효과 장비와 마이크

🏵 기존 효과음 사용

효과를 연출할 때는 기존에 녹음된 효과음을 사용하기도 하고 효과와 효과를 합성하여 새로운 효과음을 만들어 사용하기도 한다.

경우에 따라서, 특수 효과음을 주문하는 감독에게는 시간을 갖고 제작하는 경우도 있다. 최근에는 '베가스'라는 장비를 사용하여 더빙이나 효과음 연출 시 신속하고 편리하게 효과를 처리하기도 한다.

야외 촬영에서는
연기자의 대사만 주로 피업하기 때문에
주변의 생활 소음이나
자동차 소리 등을 담아 오지 못해
효과 더빙을 통하여
음향 후반 작업을 진행한다.

▲ 모니터를 보면서 효과를 내는 효과맨

효과맨이 각종 신발을 신고 발소리 효과 연기를 한다.

▲ 발소리 효과 작업

☆ 현장 취음과 영화 효과 비교

  야외도 효과맨이 참여하여 별도의 마이크를 사용하여 동시 녹음과 같이 주변의 효과를 취음해야 하나 국내 드라마 제작비나 물리적인 시간 등으로 이루어지지 못하는 실정이다.

  기본적으로 영화는 몇 달간의 장기적인 기간을 갖고 제작하기 때문에 TV와 비교하기에는 무리가 있다. 영화에서 웅장한 스케일의 효과는 기대하기 어렵지만, TV 효과는 짧은 시간에 순발력이 요구되기 때문에 음향 효과에 대한 단순 비교는 어렵다.

스튜디오 카메라 감독

스튜디오를 리드하며 연출자의 콘티를 더욱 사실감 있는 앵글로
표현하는 업무이다. 드라마에서 연기자의 감정을 여러 대의 카메라로
연속적인 shot을 통하여 시청자에게 드라마의 재미와 감동을 만들어준다.

🎥 기본 업무

스튜디오 드라마 녹화 시 연출자가 구성한 콘티 대본의 내용을 숙지하고
리허설을 통하여 녹화 시 대본의 내용에 적합한 영상으로 드라마를 더욱
돋보이게 하는 일을 말한다.

카메라 감독의 입사 조건은 십수 년 전에는 영상 관련 학과(영상, 사진,
연기, 영화 등) 출신이 대부분이었으나, 최근에는 전공 관련 학과 출신이
아닌 경우에도 입사가 가능해졌다. 카메라 관련 아카데미 수료생 출신이나
케이블 및 종편 등에서 경력 사원으로 입사하기도 한다.

📺 연출자와 카메라 감독 미팅

스튜디오 녹화 개시 약 1개월 전에 미팅을 갖고 드라마의 전반적인 내용
과 진행에 대해 논의한다. 연출자가 추구하는 영상을 구현하기 위한 shot
과 카메라 장비에 대해서도 논의하고, 주인공급 연기자의 얼굴에 대한 내
용에 대해서도 협의한다.

연출자와 카메라 감독의 호흡이 드라마 분위기를 좌우하는 데 매우 중요
하기 때문에 드라마 시작 전 연출자와의 미팅은 반드시 필요하다.

⊛ 카메라 감독의 구성과 시놉시스

　스튜디오 카메라 감독은 보통 3명으로 구성되는데, 최근에는 5대 이상의 카메라를 사용하는 경우가 있어 4~5명으로 운용되는 경우도 있다.

　일부 드라마에서는 선임 카메라 감독을 지정하고 이 선임 감독은 카메라 운용은 하지 않고 다른 카메라 감독의 숏에 대해 지시하고 총괄하기도 한다.

　카메라 감독의 구성은 MBC의 경우에는 가장 오래되고 직급이 높은 2번 카메라를 선임 감독으로 하고, 두 번째로 경험이 많은 1번 카메라 감독과 연차가 오래되지 않은 3번 카메라 감독으로 정한다.

　이 카메라 순서는 연출자가 콘티를 구성할 때도 적용되는 편이다. 카메라 감독은 연출자와 미팅 시에 시놉시스를 읽고 극의 흐름을 파악한다.

　특히, 인물의 특징과 드라마 속의 관계를 파악하여 개략적인 shot을 구성하고, 연출에서 제공하는 드라마 녹화상의 인물 설정표를 연구하기도 한다.

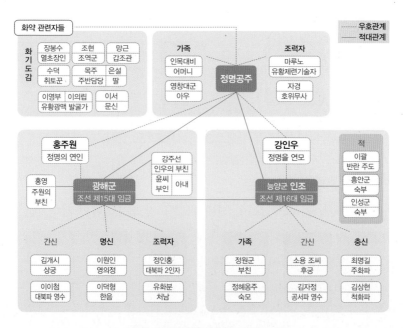

▲ MBC 사극 《화정》의 인물 관계도 일부

🐜 스튜디오 카메라 확인과 사용 대수

카메라의 성능에 따라 운용 시 포커스나 줌인 등에 다소 차이가 있기 때문에 사전에 카메라 제원에 대해 정확하게 체크하고 진행해야 한다. 특히, 녹화 시 장시간(10시간 이상) 카메라에 장착되어 모니터 하는 뷰파인더의 상태가 카메라의 모든 것을 결정하기 때문에 반드시 체크하고 점검해야 한다. 그리고 드라마에서 사용할 레일이나 원격 조정 크레인(지미집) 등에 대한 확인을 녹화 전에 점검해야 한다.

스튜디오에서 사용하는 카메라의 대수는 카메라 감독이 결정하고 기술 감독이나 영상 감독에게 요청해야 한다. 최근에는 3대의 스탠더드 카메라와 2대의 EFP 카메라를 사용하는 드라마가 일반적이고 보다 다양한 숏과 앵글을 위해 특수한 렌즈를 별도로 사용하기도 한다.

카메라 트러킹 시 스튜디오 바닥에 마이크 붐 스탠드, 조명 스탠드 바닥에 깔린 각종 케이블 등이 없어야 더욱 안정적인 워킹이 가능하다.

▲ 카메라 워킹(트러킹)

카메라 조정 준비 중인 스튜디오 카메라, 3대의 스탠다드 카메라와 2대의 EFP 카메라로 구성한다.

▲ 5대의 스튜디오 카메라

⭐ 스튜디오 세트의 확인

세트 평면도를 우선 확인한 후 가장 먼저 체크하는 것이 카메라의 동선이다. 스탠다드 카메라는 EFP 카메라보다 카메라 본체가 크기 때문에 shot을 구현하는 세트 주변의 공간 확보가 매우 중요하다.

그래서 세트와 세트 사이의 공간이 적정한지, 그리고 카메라를 비롯한 마이크 붐 스탠드와 조명 스탠드의 운용에 대한 공간도 함께 체크한다.

🎥 드라이 리허설

드라이 리허설은 주로 오전에 실시하는데, 카메라 감독은 콘티에 의한 연기자의 동선에 주안점을 두고 연기자가 어느 위치에서 연기할 때 가장 이상적인 shot이 구현되는지를 파악하며 위치를 수정 보완한다.

이때 연출자가 구성한 콘티에 대해서도 조금씩 수정하기도 한다.

연출자가 콘티를 작성하여
인쇄소로 보내면,
아이패드를 사용하는
관련 스태프에게
메일로 발송하여 다운받아
볼 수 있다.

▲ 카메라 감독의 아이패드 대본

📺 세트의 보완 요청

주로 카메라의 풀 shot에 세트 상단부의 노출과 연기자의 프로필 shot을 더 나은 정면 shot으로 처리하기 위하여 좌우 세트에 구멍을 내는 경우가 있는데, 이때 카메라 감독은 정확한 위치를 지정해 주어야 한다.

세트의 구멍은 액자 등으로 막아 처리하기도 한다.

▲ 나무 그림으로 장식한 벽체 세트

▲ 카메라로 주방 모습을 잡기 위하여 왼쪽의
그림을 제거한 상태

세트 철거 전 반대편에 셋팅한
카메라 위치에서 본 세트이다.

▲ 반대편(주방) 쪽에서 바라본 세트

세트 철거 후 카메라
위치에서 본 식탁 세트이다.

▲ 반대편(주방)에서 쪽에서 바라 본 식탁 모습

카메라 팀에서 미술 팀에 의뢰한
세트 디자이너가 설계하여 제작한
나무 발판으로,
스튜디오 제작 시 턱이 있는 세트
안쪽에 스탠다드 카메라가
이동하기 편리하도록 설치하였다.

▲ 턱이 있는 세트에 설치한 카메라 발판

⚙️ 카메라 보조의 역할(카메라 셋업맨)

　1대의 카메라에 1명의 카메라 셋업맨으로 구성한다. 따라서 3대의 스탠더드 카메라와 2대의 EFP 카메라를 사용하면 5명의 카메라 셋업맨을 사용해야 한다. 이 인원은 최종적으로 제작사와 협의하여 결정한다.

　카메라 셋업맨은 녹화 시작 전에 카메라 창고 카메라의 케이블을 분리해 본체를 스튜디오로 옮긴 후, 카메라 케이블을 카메라 번호 순서대로 스튜디오에 정리한다.

　리허설 때 대본에 체크된 콘티와 카메라 위치가 다를 경우에는 카메라 감독과 협의하여 카메라 콘티를 수정하거나 카메라 위치를 변경하기도 한다. 리허설 이후 카메라 조정 시 스튜디오의 상시 조명을 모두 오프시킨 후, 그레이 차트를 설치해 카메라 조정을 진행한다.

　기계적인 영상과 피부 톤 조정이 끝난 카메라와 부조정실과 카메라 인터컴의 통화 상태와 뷰파인더의 영상 상태를 영상 감독과 크로스 체크하여 확인 후 카메라 감독에게 전달한다. 녹화 시에는 대본과 스케줄 표를 확인하며 카메라 감독의 원활한 진행을 위하여 카메라 케이블이 서로 엉키지 않도록 운용한다.

　리허설 때 체크된 부감용 사다리나 EFP 카메라 사용 시 필요한 카메라 부속 장비를 준비해 신속하게 준비한다. 녹화 종료 후 EFP 카메라를 먼저 별도의 장소로 옮기고, 스탠다드 카메라 파워를 오프시킨다. 그 다음 케이블을 분리하여 먼저 창고에 정리한 후 카메라 렌즈의 캡을 반드시 닫은 후 창고로 옮긴다.

　드라마 시작 전 카메라 운용팀은 EFP 카메라에 사용할 각종 악세사리 장비(부감쇼트를 운용할 사다리, EFP 카메라용 트라이포트 등)를 스튜디오로 반입한다.

▲ 스튜디오 EFP 장비 밀차

▲ 카메라 사다리 부감대 상부 모습

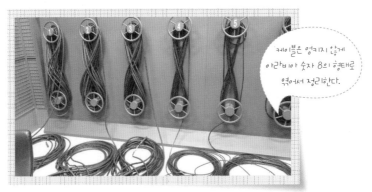

케이블은 엉키지 않게 아라비아 숫자 8의 형태로 엮어서 정리한다.

▲ 카메라 창고 내 정리된 케이블

🌸 진행 감독(FD)과의 관계

드라마에서 카메라 감독과 진행 감독은 스튜디오 분위기를 좌우하는 가장 중요한 스태프로서, 상호 유기적으로 이해하고 협조하며 일을 해야 한다. 즉 연기자의 감정과 진행 스케줄에 대한 조정, 소도구의 준비와 휴식 시간 등 스튜디오 전반적인 모든 일에 FD와 카메라 감독은 항상 논의해야 한다.

특히, 부조정실 스태프와는 얼굴을 맞대고 대화하는 것이 아니기 때문에 FD와 조율하여 절제된 내용의 대화가 필요하다.

▲ 사다리에 올라가 부감숏을 잡고 있는 카메라 감독

☆ 소도구와의 관계

소도구는 기본적으로 카메라 shot에 노출되도록 해야 하고 카메라 감독은 연기자의 연기에 해가 되지 않은 범위 내에서 소도구를 활용한다. 특히, 걸쳐잡기(카메라 렌즈 앞에 소도구 등을 설치하는 행위) 시에는 세트 주변의 각종 소도구를 활용한다.

그리고 연기자의 배경이 되는 그림이나 소도구 등이 카메라 shot에 빠지거나 이상하게 보이면 수정 또는 변경을 요청하여 더 나은 영상을 만드는 작업을 한다. 특히, 협찬 물품이나 PPL의 경우에는 담당자와 상의하여 더 효과적이고 자연스럽게 화면에 노출되도록 협의해야 한다.

▲ 테이프로 상표를 가린 비타민 PPL 제품

🎥 조명 감독과의 관계

　카메라와 조명은 영상을 연출하는 아주 밀접한 파트이다. 즉, 연기자에게 빛을 비추어야만 카메라가 원하는 shot을 얻을 수 있기 때문이다. 기본적인 조명보다는 분위기 있는 조명을 연출할 때는 서로 의견을 교환하면서 조명과 카메라 shot이 동시에 만족하는 분위기를 연출하기도 하며, 세트에 부착된 액자나 하이그로시 장롱이나 냉장고의 빛 반사 시 카메라의 위치 조정을 통하여 해결해 주기도 한다.

　카메라의 이동은 비교적 짧은 시간에 변경이 가능하지만, 조명 등기구의 이동과 변경은 카메라보다 매우 많은 시간이 걸리기 때문이다.

카메라의 위치 조정이나 장롱의 문 각도를 조절해 처리하는 편이다.

▲ 빈번하게 등장하는 장롱의 조명으로 인한 빛 반사

📺 영상 감독과의 관계

　부조정실의 영상 감독과는 녹화 시작 전 인터컴의 송수신 여부와 카메라에 부착된 뷰파인더 상태에 대하여 체크하고 녹화 시에는 카메라 조리개(Iris; 아이레스)에 대하여 상의한다. 이는 영상 감독의 조리개 개방 여부에 따라 카메라 감독의 포커싱에 많은 영향을 끼치기 때문이다. 즉, 영상에서 조리개를 많이 열면 카메라 감독은 포커싱을 맞추기가 다소 어렵기 때문이다. 드라마 녹화에서 조리개의 개방에 따른 합의는 영상 감독, 카메라 감독, 조명 감독이 함께 논의하고 합의해야 한다.

4. 야외 스태프 관련

드라마에서 무에서 유를 창조하는 것이 야외 스태프이다. 수많은 변수를 순발력 있게 대처해 가며 창조적인 그림을 만들어 낸다.

야외 촬영

야외라는 공간에 카메라를 통하여
연기자의 연기에 사실감 있는 shot으로 영상을 창출하는 업무이다.
스튜디오 카메라보다 역동적이고 극적인 화면을 구성한다.

🎥 기본 업무

드라마에서 한 대 또는 두 대 이상의 카메라를 사용해서 촬영하는 모든 야외 제작 형태의 카메라 운용을 야외 촬영이라고 한다. 스튜디오 카메라의 경우는 '카메라 감독'으로 하고, 야외 카메라의 경우는 '촬영 감독'으로 부르기도 한다.

방송사에서 촬영 시에는 스튜디오 카메라 감독과 야외 촬영 감독은 서로 교차해 가며 일하기도 한다. 촬영 감독의 입문은 스튜디오 카메라 감독과 유사하다.

📺 연출자와의 관계

미니 시리즈의 경우는 3개월 전, 주말극이나 일일극은 녹화 한 달 전후에 미팅을 갖고 드라마의 전반적인 개요에 대해 논의한다.

촬영 감독은 야외 녹화의 중심 축을 형성하고 있기 때문에 연출자와의 호흡이 굉장히 중요하다. 그 이유 때문인지 연출자는 주로 한 번 이상 함께 일을 해 본 촬영 감독과 다시 일을 하는 편이다.

⊛ 시놉시스와 사전 답사

연출자와의 미팅 전에 시놉시스를 읽고 전반적인 드라마에 대한 개요를 파악한다. 특히, 인물에 대한 캐릭터나 상대 배우와의 관계 설정에 대하여 면밀하게 검토한다.

로케이션 매니저가 선정한 야외 촬영 장소에서 우선적으로 고려하는 것이 장소 주변에 대한 안정적인 촬영 조건과 주변의 배경이다.

스튜디오와는 달리 촬영할 장소의 배경을 인위적으로 고칠 수가 없기 때문에 촬영할 배경에 가장 많은 신경을 써야 한다.

♜ 촬영 관련 야외 팀의 구성

촬영 감독은 연출자와 상의하여 조명 감독을 결정하는데, 조명은 야외 녹화에서 영상을 만드는 매우 중요한 파트이다. 따라서 드라마 콘셉트와 연출의 의도를 잘 파악하고 능동적으로 일을 하는 조명 감독을 선임한다. 포커스 풀러도 연출자와 협의하여 촬영 팀과 호흡이 맞는 팀을 선정하여 진행한다.

★ 카메라 팀의 구성

야외 촬영팀은 5~6명으로 구성하는데, 촬영 감독 1명과 카메라 퍼스트 1명, 그리고 3~4명의 카메라 모니터 등 주변 장비 보조원으로 구성한다.

촬영 감독은 대본을 숙지하고 연출자가 구성한 콘티를 바탕으로 shot을 결정해서 촬영하고, 카메라 퍼스트는 촬영 감독이 가장 안정적이고 이상적인 shot을 구사할 수 있도록 편한 환경을 조성해 주며, 이에 필요한 카메라 주변 장비에 대한 관리 감독을 진행한다.

카메라 보조 요원은 카메라 위치 이동이나 각종 모니터 및 주변 케이블의 정리와 전원선의 포설 작업을 진행한다.

MBC 주말극 《부잣집
아들》 촬영 장면으로 촬영
감독은 날씨 등의 변수를
고려해 바람이 세거나
태양의 위치와 연기자의
동선 등을 꼼꼼히 살핀 후
카메라를 설치해 촬영한다.

▲ 야외 촬영 준비 장면

📹 포커스 플러(포커스 매니저)

흔히 영화 제작 현장에서 카메라의 포커스만 책임지는 업무를 하는 스태프를 '포커스 플러'라고 한다. 드라마에서는 십수 년 전에 도입이 되었고 최근에는 거의 모든 야외 드라마에서 사용하는 촬영 스태프이다.

포커스 플러는 카메라 렌즈 전 단계에서 자체 모니터를 통하여 포커스 링으로 렌즈와 연기자의 움직임에 대한 거리를 스케일(일종의 '자')을 사용하여 정확하게 계산하여 표시한 후 촬영에 임한다. 최근에는 무선 모니터와 연기자 동선에 빔을 투사해 거리를 정확하게 측정해 진행하기도 한다.

TV 초반에는 주로 영화 촬영 스태프에서 드라마 촬영 팀으로 이적해 작업하고 있으나, 최근에는 카메라 감독이 되기 위한 발판으로 포커스 플러로 입문하기도 한다.

우리나라에서는 아직 포커스 플러를 본격적으로 배우는 과정은 없는 편이고 영화 촬영 현장에서 도제 시스템으로 시작해 드라마 포커스 플러로 진출하기도 한다. 최근에는 방송사에서는 UHD 제작으로 4K 카메라가 본격적으로 사용하기 때문에 포커스 플러의 역할은 더 커지라 전망된다.

기본 업무 과정

- 촬영할 대본의 숙지
- 촬영 장소의 위치 확인
- 촬영 카메라 기종의 확인
- 촬영 감독의 특성 파악
- 연기자의 동선 확인
- 카메라 리허설 확인
- 측정기를 사용한 거리 측정
- 카메라에 메모리 입력
- 녹화 시 포커싱 조정
- 녹화된 화면의 모니터 확인

▲ 포커스 플러 조정용 무선 영상
　수신 장비

▲ 카메라에 장착된 무선 모니터 송신기

야외에서는 한 대의
카메라만 사용하기 때문에
별도의 무선 장치가 필요
없으나 스튜디오에서는 두 대
이상의 카메라의 포커스를
운용해야 하기 때문에 무선
장비를 카메라에 부착해서
운용한다.

◀ 카메라에서 무선으로 수신한 영상을 바탕으로 모니터에서 포커스를 조정하고 있는 장면

▲ 스튜디오에서 포커스 매니저가 무선 수신기를 이용해 카메라의 포커스를 조정하는 장면

야외는 주로 한 대의 카메라를 사용하기 때문에 카메라에 포커스 레버를 부착해 운용한다.

▲ 야외에서 카메라에 부착된 포커스 레버를 조정하고 있는 모습

드론 운용 감독이 휴대하고 조립하기 편하게 구성되어야 한다.

▲ 고소 페데스털 사용 시 카메라 감독과 함께 포커스를
운용하고 있는 모습

스튜디오 녹화 시 포커스 풀러가 계측기를 사용해 포커스를 맞추기 위한 거리를 측정하고 있다.

*사진은 GOMCUS에서 제공받았음.

📺 카메라 장비의 선정

야외 촬영의 경우에는 촬영 감독의 주도하에 연출자와 상의하여 카메라 기종에 대해 결정한다. 일반적으로 연출자는 가장 퀄리티가 높은 카메라 기종을 선택하기 때문이다. 카메라의 기종은 연출자가 생각하고 있는 영상에 대한 구상에 따라 결정하고 촬영 여건과 후반 작업의 시간에 많이 좌우된다.

미니 시리즈의 경우에는 초반에 시간적인 여유를 가지고 단렌즈 카메라 등의 카메라를 사용하다가 후반에는 제작의 촉박한 일정 등으로 인하여 더 촬영하기 쉬운 카메라로 바꾸기도 한다.

야외에서 사용하는 ENG 카메라는 빠르게 고화질 카메라로 바뀌고 있는데, 스튜디오 카메라는 고화질 카메라의 교체 주기를 맞추지 못하다 보니 영상의 차이가 다소 발생한다.

미니 시리즈의 경우에는 4K급의 고화질 카메라를 주로 사용하고, 주말극이나 일일 연속극의 경우에는 4K급에 준하는 카메라를 사용한다.

🎞 스튜디오 카메라의 관계

연기자의 shot 중에서도 주로 바스트 shot에 대한 의견을 나눈다. 드라마의 70~80%가 바스트 shot인 관계로 야외 촬영과 스튜디오 촬영의 바스트 shot의 통일이 중요하기 때문이다. 최근에는 일부 드라마에서 카메라 총감독 제도를 만들어 야외 촬영과 스튜디오 카메라에 대한 모든 것을 총괄하여 더 통일되고 효과적인 영상을 연출하기도 한다.

🎬 야외 카메라의 특수 장비(고공 촬영용 드론)

수년 전에는 공중의 부감을 촬영하기 위해 헬기를 사용하여 공중의 아름다운 영상을 촬영했으나, 헬기는 임대료가 매우 비싸고, 항공 촬영에 대한 사전의 허가를 받아야 하며, 날씨 등의 변수와 소음과 바람으로 인한 저공 촬영이 불가하기 때문에 최근에는 드라마 야외 촬영의 대부분은 드론에 카메라를 부착해서 진행한다.

드론의 경우에는 소형 경량으로 헬기보다 촬영 허가가 비교적 쉬운 편이고 소음이 적으며 저공 촬영이 용이해 드라마나 기타 프로그램에서 많이 사용하고 있다. 앞으로 드론을 사용한 프로그램의 촬영은 더욱 많아지리라 생각한다.

야외 촬영시 MBC가 자체 보유하고 있는 촬영용 드론을 사용한다.

▲ 촬영 중인 드론

▲ 조립을 마친 드론

▲ 드론 촬영 박스

▲ MBC 사극 《옥중화》의 촬영을 위해 이륙 준비 중인 드론

드론을 사용하여
시원한 Shot을
연출하고 있다.

▲ 《옥중화》의 드론 촬영 장면

*드론 사진은 MBC 영상미술국 영상1부
드론팀에서 제공받았음.

▲ 《옥중화》의 다른 드론 촬영 장면

MBC 주말 드라마 ≪부잣집 아들≫의 야외 촬영으로 남녀 주인공이 야시장에서 데이트하는 장면(왼)을 촬영하기 위한 스케치 영상이다. 헬기는 소음과 강력한 프로펠러 바람으로 사용하기 어렵지만, 드론은 문제없이 촬영할 수 있다.

법의학자가 사건 현장에서
시신을 발굴해 감식하는 장면으로,
실제 화면에서는 더욱 리얼하게
톱 Shot으로 처리해
극의 긴장감을 연출하였다.

▲ 드론 야시장 촬영 장면

*사진은 GOMCUS에서 제공받았음.

▲ MBC 월화 미니시리즈
≪검법남녀≫의 야외 부검 장면

⭐ 야외 카메라의 특수 장비들

Dolly 장비

짐벌

스태디캠 운용 사진 설명

▲ 베스트(VEST) 박스

스태디캠 사용 시
카메라맨이 입는
조끼 형태로서
스태디캠 장착 시
사용한다.

▲ 암(ARM)을 담은 박스

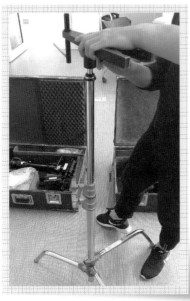

▲ 스태디캠 카메라 거치용 스탠드 조립 장면

▲ 조립이 끝난 스태디캠

▲ 베스트(조끼)착용

▲ 스태디캠 촬영하기

*스태디캠 장비 및 시연은 MBC 영상미술국 영상 1부 카메라팀에서 제공받았음.

 **야외 조명**

드라마에서 '공간의 빛을 연출'하는 업무이다.
스튜디오가 아닌 자연이라는 공간에 연기자에게 더욱 자연스러운 빛을
만들어 주어 새로운 영상을 만들어준다.

🎥 기본 업무

스튜디오에서 여러 대의 카메라로 촬영하는 콘티 제작 이외의 모든 드라마 장면의 조명을 담당한다.

우리나라 모든 방송사에서 제작하는 드라마의 야외 조명은 지상파나 종편의 직원이 아닌 100% 외주 조명 회사로 운영되고 있다. 즉, 같은 드라마(미니 시리즈를 제외한 주로 일일극이나 주말극)의 조명이 야외 조명 감독과 스튜디오 조명 감독의 이원 체계로 이루어져 있다.

야외 드라마 조명의 입문은 지상파 입사보다는 쉽다. 영상 관련 학과를 공부한 학생이나 방송, 영상 제작에 관심이 많은 사람이 시작하는데, 4~6년 정도 경력이 쌓이면 조명 퍼스트(조감독) 수준이 되며 간단한 장면의 조명을 연출하기도 한다.

📺 연출과 촬영 감독과의 관계

미니 시리즈나 연속극이 시작하기 약 2개월 전(연속극은 1개월 전후)에 연출자와 카메라 감독 등과 함께 드라마 내용의 개략적인 이야기와 분위기 설정 등 전반적인 흐름과 내용에 대해 논의한다.

연출자는 야외 드라마에서 촬영 감독과 상호 불가분의 관계로서, 야외 드라마 영상을 책임지는 파트너이며, 적정 조도와 드라마의 내용에 맞는 분위기에 대해 항상 의견을 교환한다.

배튼이 없어 사진 왼쪽 벽 세트 부분에 스탠드 조명 기구와 조명 등기구를 걸어서 조명을 설치하였다.

▲ 《스캔들》이 녹화 중인 양주 MBC 야외 스튜디오

조명 등기구 사용을 가급적 절제하고 우드락 반사판 등을 이용하여 태양광를 주 광원으로 조명을 대신한다.

▲ MBC 사극 《짝패》의 야외 낮 장면 조명

연기자 뒤편에
조명팀이 설치한
가로등 스탠드가 보이고
앞에서는 LED 스탠드로
인물을 비추고 있으며
마이크 붐 오퍼레이터가
대사 픽업 작업 중이다.

▲ MBC 일일극 《다시 시작해》의 야외 골목 밤 장면

🎞 조명팀의 구성

조명 감독과 발전 기사를 포함하여 7명 전후로 구성하며, 미니 시리즈의 경우에는 8명으로 구성하기도 한다. 우리나라 미니 시리즈의 경우에는 스튜디오 카메라를 사용해서 제작하는 촬영 장면이 거의 없고 ALL ENG 카메라로 제작하기 때문에, 주로 두 팀 이상의 촬영 팀을 운용한다. 조명 팀도 두 팀으로 운용되며, 동시 촬영 시 분위기나 조명 등기구의 선정 등에서 각 팀의 조명 감독이 상호 의견을 교환하며 촬영을 진행한다.

배튼이 없는 곳에서
고정 세트를 설치하여
제작하는 경우에는
세트와 세트 사이에
각재를 연결해서
조명 등기구를 설치한다.

▲ 배튼이 없는 스튜디오에 등기구 매달기

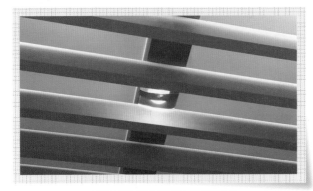

천장의 전기 장식 할로겐등은
빛이 너무 밝아 빛이 연기자의
얼굴에 떨어지면 영상 상태가
좋지 않기 때문에
오렌지색 필터(C.T.O)나
ND 필터를 장착해서
촬영하고, 녹화가 끝나면
바로 제거한다.

▲ 기존 등에 차단 필터를 설치한 모습

야외 녹화시
불필요한 빛을
차단하기 위하여
필터를 장착한다.

▲ 기존 등을 가리는 장면

✿ 사전 답사

주요 야외 장소는 드라마 촬영을 시작하기 전에 연출자와 카메라 감독 그리고 장소 섭외 담당자가 함께 2~3군데의 후보군에서 선정한다. 조명 파트에서는 발전차의 위치와 주위의 배경에 가장 주안점을 두고 답사를 한다.

연기자의 배경이 어떻게 연출되고, 밤 장면 촬영 시 배경에 대한 조명 설치의 조건을 꼼꼼하게 체크해야 한다.

본격적인 촬영이 진행되면 사전 답사를 통한 녹화가 힘들기 때문에 장소 섭외 팀에서 사진을 통해서 답사하는 경우가 많은데, 실제 현장과 다른 경우도 있어 여러 가지 경우에 대한 준비를 하고 촬영에 임해야 한다.

스튜디오의 조명 창고와
유사한 형태로
각종 조명 스탠드와
케이블들이
정리되어 있다.

▲ 야외 조명차 내부

▲ 야외 조명 액세서리 밀차

불필요한 빛을
차단하기 위하여
야외에서는 블랙 가림판을
사용한다.

▲ 야외 조명 가림판

⭐ 기본 조명 장비

대표적인 조명 장비로는 HMI SPOT와 JOKER LIGHT, LED LIGHT, 잼볼 라이트가 있다.

수년 전에 많이 사용했던 주피터는 현재 사용하지 않으며, KINO LITE는 광량과 빛의 조절이 잘 되지 않아 많이 사용하지 않는다.

최근에는 야간 촬영 시에 연기자를 향해 충전용 평판 LED LIGHT를 많이 사용한다. 빛이 부드럽고 무선이라 이동이 쉬우며, 열의 발생이 적어 공원이나 기타 야외 촬영 시 주변의 벌레가 인물 주위에 접근하지 않아 더 수월하게 촬영할 수 있기 때문이다.

야외 조명에서 사용하는 가장 큰 용량의 조명 기구로 태양이나 밤 장면의 달빛 조명을 만들 때 사용한다. 무겁기 때문에 2인 이상이 조작하며 대용량 전원이 필요해 별도의 발전차가 있어야 한다.

▲ 18kW HMI 스포트라이트

대형 크레인으로 18kW HMI를 지붕 위의 공중에 띄워서 달빛 효과를 연출한 장면이다.

▲ 18kW HMI를 사용한 MBC 사극 《마의》의 한 장면

라이트 설치 후 조명의 각도는 모니터를 보면서 리모콘으로 조정한다.

▲ 18kW HMI를 장착한 대형 크레인

야외 조명 팀이
다양한 형태로
사용하는 조커 라이트는
렌즈 교환을 통하여
강한 라이트로 바꾸기도 하고
부드러운 렌즈나
필터를 장착해
부드럽게 연출하기 좋은
라이트이다.

▲ 조커 라이트

넓은 지역을 환하게 비추는 등기구와
바퀴가 없는 조명 스탠드이다.
(야외는 스튜디오와 달리
바닥이 항상 평평하지 않기 때문에
바퀴가 없는 스탠드를 사용한다.)

▲ 잼볼 라이트와 조명 스탠드

방안에 조명 등기구를 설치해 촛불 효과를 표현한다.

▲ 사극 《옥중화》의 야외 촬영 장면에서 창호지를 살린 필터

좁은 실내에서 카메라에 스탠드의 노출을 피하기 위하여 중간이 굴절되는 엘보형 스탠드를 사용한다.

▲ 엘보형 스탠드를 사용한 장면

왼쪽에 태양광을 이용한 반사판과 HMI 스포트라이트가 설치되어 있다.

▲ 일산 드림센터 7층 야외 공원에서 제작하고 있는 낮 촬영 장면

#4-3 동시 녹음

야외에서 연기자의 목소리와 주변의 소음을 통제하고 컨트롤하는 업무이다.
주변의 소음은 줄이고 연기자의 목소리는 더욱 자연스럽게 픽업해
음향 후반 작업 시보다 정확한 음향을 만들어 전달해준다.

🎥 기본 업무

　'동시 녹음 기사' 또는 '동시 녹음 감독'이라고 부르며, 주로 드라마 야외
현장에서 연기자의 대사를 픽업하는 업무를 한다.

　기본적으로 기사 1명, 마이크맨 1명, 케이블맨 1명으로 총 3명으로 구성
한다. 동시 녹음 감독(기사)은 음향 콘솔에서 헤드폰을 장착하고 전용 모니
터를 확인하면서, 연기자에게 접근한 마이크맨의 마이크를 통하여 가장 이
상적인 소리를 픽업(수음)한다.

동시 녹음 마이크맨이
마이크 붐대를 들고
대사를 픽업한다.
야외용 붐대 재질은
손으로 들고 운용하기 위하여
카본으로 가볍게
만들어져 있지만
장시간 운용은 어렵다.

▲ 야외 스튜디오에서 촬영되고 있는 MBC 주말극 《스캔들》 장면

📺 대본 체크

기본적인 내용을 파악한 후 연기자의 동선과 카메라 shot을 보고 마이크의 위치를 결정한다. 마이크 1대 사용을 원칙으로 하지만 연기자가 많이 등장하고 복잡한 장면에서는 2대 이상을 사용하기도 한다.

연기자의 목소리 톤이나 대사의 크기에 따라서 마이크를 어느 방향에서 접근해 픽업할 것인가에 대해 판단하고 마이크맨(마이크 오퍼레이터)에게 지시한다. 특히, 주변의 생활 소음이 어느 정도 발생하는 것인지를 사전에 파악해서 마이크의 선정과 윈드 스크린의 사용 여부에 대해 신속하게 판단하고 대처한다.

🎞 카메라와의 관계

스튜디오와 마찬가지로 야외의 경우에도 간혹 마이크 그림자가 생기는데, 촬영 감독이나 조명 감독이 그림자를 없애기 위해 상호 협조를 구하기도 한다. 야외에서는 스튜디오와 달리 콘티 작업을 통해 연속되는 촬영이 아니라 장면마다 촬영하는 관계로 비교적 마이크의 위치나 그림자에 대해 원만하게 해결하고 진행한다.

카메라가 롱 shot이라 마이크의 근접이 어려울 경우에는 연기자에게 와이어 리스 마이크를 장착해 사용하거나 현장에서 연기자의 대사만 별도로 픽업(녹음)해 처리하기도 한다.

▲ 동시 녹음 감독의 간이 콘솔

🌸 주변의 소음 관계

야외의 경우에는 길에서 나는 자동차의 소음이 가장 문제가 되고, 바람이 심한 경우에는 마이크에 윈드 스크린을 장착하여 소음을 완화시키기도 한다.

여름에 나무가 많은 공원 등에서의 녹음 시에 매미 소리 등을 진행 팀에 의뢰하면 나무를 흔들어서 매미 등을 다른 곳으로 보내기도 한다. 이외에 음향 후반 작업으로 주변의 잡음을 해결하기도 한다.

불가피하게 주변의 잡음이 심한 곳에서 촬영하여 대사 픽업이 곤란한 경우에는 방송사 녹음실에 연기자를 불러 후시 녹음으로 처리하기도 한다.

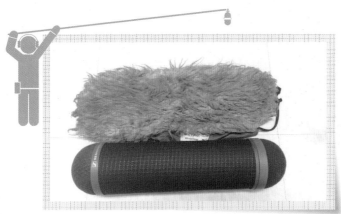

야외에서는 차량 소리와 각종 생활 소음 때문에 마이크에 윈드 스크린을 장착하여 주변의 잡음을 제거하고 대사를 픽업한다.

▲ 야외 마이크 윈드 스크린

 스튜디오에서 드라마를 제작할 때는 많은 스태프가 필요하다. 드라마의 한 장면
을 만들기 위해 기술 총괄, 조명, 음향, 카메라, 미술 등의 각 분야에서 많은 시간
과 최대 능력을 끌어올려야 TV로 볼 때 더 자연스럽고 완벽한 영상이 연출된다.
2부에서는 1부에서 소개한 모든 스태프가 스튜디오에서 한 편의 드라마를 어떻
게 만드는지 그 과정을 사진과 함께 자세하게 정리해 보았다.

II

스튜디오 드라마
제작 24시

1. 스튜디오 세트
준비 과정

일반적으로 스튜디오에서는 연기자의 배경은 세트이고, 스튜디오 드라마의 시작은
세트를 세우면서 시작이 된다.

세트 설치

세트의 철수와 설치는 드라마의 녹화 종료 시점에 따라 차이가 있지만,
주로 야간이나 새벽에 진행하므로 세트 근무자(조립조)의
안전사고에 유의해야 한다.

🎥 세트 관련

보통 녹화 전날 오전에 세트를 설치하고 마감한다.

10여 년 전에는 본 녹화 전날 밤이나 녹화 당일 새벽에 세트를 설치하고, 녹화 당일 새벽에 세트 설치를 어느 정도 마무리하면 소도구와 조명 팀이 리허설 전까지 준비를 함께 하면서 복잡하게 진행을 했었다.

그러나 드라마 제작이 HD 시스템으로 바뀌면서 세트의 규모가 커지고 스튜디오 준비에 대한 약간의 여유가 생기면서 녹화 전날 오전에 세트를 마무리하고, 오후에 소도구와 조명의 설치를 진행한다.

방송사마다 차이가 있지만 MBC에서는 각 드라마마다 2개의 스튜디오를 사용하거나 하나의 스튜디오를 이틀 동안 사용하는 방식으로 운용한다.

전편의 드라마가 끝나면, 우선 조명 등기구와 대소도구를 모두 철수한 후, 기존 세트를 철수해서 스튜디오 밖으로 이관한다. 그리고 스튜디오 밖에 준비된 해당 세트를 반입하여 세트를 설치한다.

공간 활용을 위하여
일부 세트는 스튜디오 벽에
비치한다.

▲ 세트를 세우기 전 빈 스튜디오

▲ 세트가 반입되고 있는 모습

스튜디오 바닥에
받침목을 깔고
그 위에 덧마루를 설치한 후
모노륨이나 기타 필요한
장판을 깔아 세트를 세운다.

▲ 덧마루를 설치한 모습

▲ 받침판(덧마루)을 정리한 모습

방송사에서는 '니쥬'라고 불리어진다.

▲ 받침목(아시)을 정리한 모습

세트의 철수와 설치는 드라마의 녹화 종료 시점에 따라 차이가 있지만, 주로 야간이나 새벽에 못과 망치를 사용하고, 100kg이 넘는 벽체 세트를 이동하므로 세트 근무자(조립조)는 안전사고에 유의해야 한다.

세트 설치 현업 팀은 10명 전후로 구성하며 철수와 설치를 진행하는데, 작업량에 따라 차이가 있지만 세트를 세우는 데 걸리는 시간은 약 4~5시간 전후이고, 사극의 경우에는 천장이나 마당 등이 없기 때문에 현대극보다 철수하는 데 1시간 정도 빠르게 진행된다.

철수와 설치는 스튜디오를 완벽하게 비우고 해당 세트를 세우는 것이 원칙이다. 그러나 공간 활용을 위해 철수할 일부 세트는 세트 평면도를 보고 조명 팀이나 소도구 팀과 협의하여, 본 드라마 조명 설치와 녹화에 지장이 없는 스튜디오 내의 벽 쪽 공간에 임시 보관하기도 한다.

세트는 스태프와 연기자가 다니는 출입문과 카메라, 조명, 음향 창고 문 앞 등에는 절대로 설치하지 말아야 한다.

그럼에도 불구하고 불가피하게 세트가 많아서 창고의 문이나 출입문의 일부를 막게 되는 경우에는 녹화 시에 필요한 모든 장비를 스튜디오에서 빼낸 후 나중에 세트를 세운다.

세트 백튼에 세트를 매다는
도르래 형태의 기어 뭉치이다.

▲ 세트를 매달 때 사용하는 도르래 뭉치

이전에는 일회용 철사를 사용해 세트를 매달았지만 십 수 년 전부터는 높이 조절이 가능한 기어 형태의 도르래를 개발해 반영구적으로 사용한다.

▲ MBC Arts에서 세트 도르래를 사용해
세트를 매단 모습

못은 철수 시 빠르게 빼기 위하여 2/3만 박고 나머지는 휘어서 고정한다.

▲ 버팀쇠에 못을 박은 모습

스튜디오 바닥은 못 등으로 고정을 할 수 없기 때문에 모든 벽체 세트는 버팀쇠를 사용해 고정해야 하며, 버팀쇠 밑을 20kg의 누름쇠로 지지한다.

▲ 벽체 세트를 세운 버팀쇠(개다리)와
누름쇠(오무리)

대소도구 설치

기본적인 대도구(장롱, 싱크대, 장식장, 화장대 등)의 설치를 먼저 하고,
대도구 위에 각종 소도구를 설치한다.

🎥 대소도구 관련

세트가 완전히 세워지면 지하 소도구 창고에서 운반한 대소도구를 세트
에 설치한다.

보통 6~7명의 인원이 약 3시간 정도에 걸쳐 대소도구를 세트에 설치하는
데, 기본적인 대도구(장롱, 싱크대, 장식장, 화장대 등)를 먼저 설치하고, 대
도구 위에 각종 소도구를 설치한다.

설치를 정확하고 신속하게 진행하기 위하여 드라마의 첫 녹화 시에는 여
러 각도에서 세트와 소도구가 설치된 사진을 촬영하였다가, 다음 녹화 시
에 다시 설치할 때는 소도구 팀이 사진을 참고하여 일정한 위치에 물품을
배치하는 데 설치 시간을 절약할 수 있다.

최근에는 세트의 분위기와 사실감을 강조하기 위하여 생화목(식물)이나
인조목이 많이 등장하는 관계로, 드라마의 시제와 세트 분위기에 어울리는
나무를 선택하여 마당이나 거실의 분위기를 자연스럽게 연출한다. 그리고
사무실에서 사용하는 노트북 등 귀중품은 녹화 당일에 설치하기도 한다.

스튜디오 촬영과 야외 촬영이 겹치는 경우에는 소도구 부팀장급이 스튜
디오를 맡아서 운용하고 나중에 최종 확인을 한다.

▲ 주말극 《부잣집 아들》 스튜디오 요리 연구실

▲ 미술 팀 소도구 설치용 사진첩

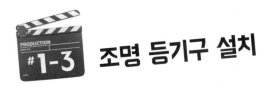

조명 등기구 설치

조명 등기구 설치와 포커싱 작업에는 조명 감독을 포함하여
10명 내외가 진행한다.

🎥 조명 등기구 관련

　MBC 드라마에서 조명 등기구의 설치와 스튜디오의 기본 등기구 설치는
조명 외부 업체에서 진행을 담당하고 있다.

　사전 설치의 경우에는 녹화 전날 오후에 출근하며, 드라마의 난이도에 따
라 등기구를 설치하는 데 약 3시간 전후가 소요되고, 조명 등기구를 포커싱
하는 시간은 약 2시간 전후가 소요된다.

　조명 등기구 설치와 포커싱 작업에는 조명 감독을 포함하여 10명 내외가
진행한다.

　다음은 일일 드라마《다시 시작해》를 조명 설계하여 조명 회의 시 조명
근무자에 전달한 내용을 정리해 보았다.

- 실내 장면은 좌우 우드락 반사판 기본적으로 사용
- 기본적으로 back key light를 메인 주광원으로 사용
- 정면 key light를 보조로 설치하여 사용 예정
- 베이스 라이트는 flux light에 확산 필터를 씌워서 사용
- 기본적으로 실내 장면에서는 좌우 충전용 Led 평판 라이트 사용
- 사진 세트는 낮 사진 기본 밤은 블라인드나 커튼으로 처리

- 밤 창은 블루 필터로 처리(Blue-5)
- 소도구 터치 라이트를 사용.(회장/사장집 거실은 yellow 또는 amber 필터로, 여주인공집 거실은 White)
- 여주인공집 마당은 볼라이트(2kW)를 베이스 라이트로 사용 예정
- 마당 낮 씬 3kW back light와 밤 씬 blue back light 사용
- 650W spot STAND를 2대 준비
- 마당 주광 설정은 3kW이고 녹화시 2kW에 파라핀을 씌어 사용
- 연기자가 움직이지 않고 앉아서 녹화 시 눈을 살려 주는 알라딘 라이트를 기본적으로 사용
- 초반 조명 등기구 설치는 모두 함께 진행
- 모든 정보는 밴드를 통해서 고지
- 중반 이후에는 2개 조로 나누어 진행

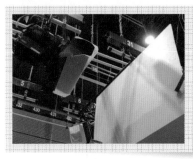

드라마에서 일반적으로 베이스
라이트를 사용해 제작하는 데 더욱
부드러운 광원을 얻기 위하여 우드라
반사판에 스포트라이트를 투사한
장면이다.

▲ 조명봉을 사용한 조명 등기구 포커싱 모습

▲ 세트 베이스 조명을 반사 광원을
사용한 모습

▲ 반사판에 투사하는 조명 등기구에
확산 필터를 사용한 모습

반사되는 빛을 더욱 부드럽게 처리하기 위하여 스포트
등기구에 확산 필터를 장착해 더욱 부드러운 광원을
만든 장면이다.

2. 스튜디오 리허설 과정

스튜디오 리허설은 모든 연기자와 스태프가 함께 얼굴을 맞대고 작업하는 첫 과정으로 녹화 시 모든 가능성을 점검하는 작업이다. 효과적인 리허설은 좋은 작품을 만드는 초석이 된다.

연습 대본

일일 드라마의 경우에는 스튜디오 녹화 3~4일 전에 대본방에 연습 대본이 등재되며, 주말극이나 미니 시리즈 등은 일일극보다 다소 늦는 편이다.

📹 연습 대본 관련

　10여 년 전에는 연습 대본을 인쇄하여 대본 리딩을 할 때 사용하였으나, 최근에는 포털사이트(potal site)에 드라마 전용 '카페'를 개설하여(MBC의 경우에는 Daum을 사용) 대본방을 통해 비공개로 가입된 모든 스태프와 연기자에게 연습 대본을 공개한다.

　연습 대본은 작가가 보내준 초고를 연출자가 먼저 읽어 보고 그대로 올리거나, 작가와 상의한 후에 일부 수정한 대본을 조연출을 통해 대본방에 올린다. 일반적으로 일일 드라마의 경우는 스튜디오 녹화 3~4일 전에 대본방에 연습 대본이 등재되며, 주말극이나 미니 시리즈 등은 일일극보다 다소 늦는 편이다.

연습 대본이나 수정 대본은 드라마 시작 전에 조판하며, 스튜디오 녹화 장면이지만 카메라의 콘티가 없고, 지문과 대사만 있다.

▲ MBC 사극 《화정》의 수정 대본

#2-2 콘티 대본

콘티가 작성된 대본은 '방송 대본'이라고도 하는데,
지문과 동선, 그리고 연기자의 리액션 등이 자세하게 나와 있어
모든 스태프가 읽고 숙지해야 한다.

🎥 콘티 대본 관련

　연출자는 녹화 2일 전에 연습 대본에 카메라와 연기자의 동선을 표시한
콘티 작업을 진행해 대본 전문 인쇄 회사에 보내 대본을 완성한다.

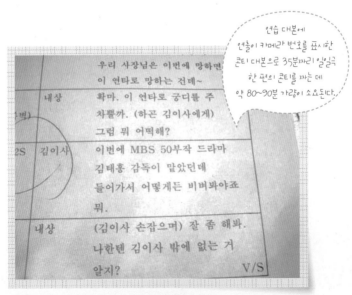

연습 대본에
연출이 카메라 번호를 표시한
콘티 대본으로 35분짜리 일일극
한 편의 콘티를 짜는 데
약 80~90분 가량이 소요된다.

▲ 콘티 대본의 예

콘티가 작성된 대본은 '방송 대본'이라고도 하는데, 지문과 동선, 그리고 연기자의 리액션 등이 자세하게 나와 있어 모든 스태프가 읽고 숙지해야 한다.

녹화 당일 스튜디오 입구에 녹화 진행표(큐시트)와 함께 비치한다.

리허설 전에 연출부에서 준비해 두어 스태프, 연기자, 매니저 등 드라마 녹화에 관계되는 모든 사람이 가져갈 수 있다.

▲ 방송용 콘티 대본과 진행표

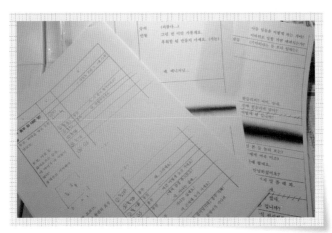

드라마에서 추가로 제공되는 프린트 출력 대본의 예로, 쪽대본과 유사하게 제작된다.

▲ 드라마 쪽대본 형식으로 출력된 프린트 대본

#2-3 대본 리딩

일반적으로 대본 리딩은 미니 시리즈보다 일일극이나 연속극 등
스튜디오 제작물이 많은 드라마에서 실시한다.

🎥 대본 리딩 관련

스튜디오 녹화 시 대본 리딩은 스튜디오 녹화 당일에 진행한다.

일반적으로 대본 리딩은 미니 시리즈보다 일일극이나 연속극 등과 같이
스튜디오 제작물이 많은 드라마에서 실시한다.

대본 리딩의 형태는 다음과 같이 크게 세 가지가 있는데, 이 중에서 내용
전체를 처음부터 끝까지 리딩하는 형태의 경우에는 가장 많은 시간이 소요
되므로, 주로 드라이 리허설 시작 전인 오전에 진행한다.

대본 리딩의 형태

1. 방송 대본의 야외와 스튜디오 내용의 전체를 처음부터 끝까지 리딩하는 경우
2. 스튜디오에서 녹화할 모든 내용만 리딩하는 경우
3. 당일 스튜디오 녹화 분량만 리딩하는 경우

대본 리딩을 하는 중요 키워드

- 드라마에 출연하는 모든 연기자가 참석
- 모든 연기자가 극의 내용에 대한 이해도 고취
- 대본 암기와 연기 감정에 대한 점검

- 혼자 리딩한 대사에 대한 상대방 연기자와 조율
- 연기자 감정에 대한 연출자의 의견 수렴
- 스튜디오에서 연기 시 감정에 대한 연습

녹화 당일, 드라이 리허설 시작 2시간 전후로 녹화에 참석할 모든 연기자(대사가 없더라도 드라마에 출연하는 모든 연기자는 반드시 참석해야 함.)가 콘티 대본을 가지고 연출자와 함께 리딩을 진행한다.

극의 초반에는 작가가 직접 참여해서 본인이 집필한 내용과 이에 따르는 연기자의 감정선에 대해 부연 설명을 해 주기도 한다.

연기자가 대본을 읽으면서 보여주는 기본적인 감정이 작품의 내용과 다를 경우에는 연출자가 연기 감정을 조율해 준다.

대본 리딩은 녹화 당일 오전에 진행하는데, 중앙에 연출자가 자리 잡고, 좌우에 주요 연기자, 2선에는 조연급 연기자가 자리한다.

▲ MBC 일일극 《다시 시작해》의 대본 리딩 현장

리허설 진행표

리허설 진행표는 대본 리딩 전후 조연출이나 진행 감독(FD)이 준비하며,
'진행 큐시트'라고도 한다. 리허설용 큐시트와 녹화용 큐시트를 따로 만들기도 한다.

🎥 진행 관련

리허설 진행표는 대본 리딩 전후 조연출이나 진행 감독(FD)이 준비하며,
'진행 큐시트'라고도 한다. 리허설용 큐시트와 녹화용 큐시트를 따로 만들기도 한다.

드라마 녹화에 관여하는 모든 연기자와 스태프가 진행 사항을 공유하며
체크할 수 있도록 콘티 대본과 함께 스튜디오 입구에 비치해 둔다. 진행표
에는 연기자와 별도의 소도구 준비물, 시제와 녹화 순서 등이 적혀 있다.

오늘의 전체 녹화 신의 수와
촬영할 페이지, 시제와
연기자, 세트의 장소와 소도구
준비물 등이 자세하게
표시가 되어 있다.
모든 스태프나 연기자는
진행표를 잘 살펴보고,
녹화시 각자 준비할
내용에 대해 숙지한다.

▲ 스튜디오 입구에 부착된 진행표

연기자와의 연락

연락이 중요한 이유는 연기자 한 명의 연락 미비로 인하여 지각을 하면
대본 리딩이나 녹화에 큰 차질을 줄 수 있기 때문이다.

📹 연락 관련

　　대본 리딩이나 야외 스케줄에 관련된 사항을 인터넷 카페에 공지하지만
개별적으로 연기자의 매니저나 연기자에게 직접 연락을 해서 최종 확인을
하며, 주로 조연출이나 FD가 문자 또는 전화로 연락과 확인을 병행한다.

　　연락이 중요한 이유는 연기자 한 명의 연락 미비로 인하여 지각을 하면
대본 리딩이나 녹화에 큰 차질을 줄 수 있기 때문이다.

▲ 일산 MBC 드라마 스튜디오 연기자 대기실 복도

녹화 당일 주요 연기자에게 분장 및 의상을 준비할 수 있는 대기실을 배정하고 대기하면서 준비한다. 개인방은 주연급 연기자를 우선적으로 배정한다.

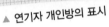

▲ 연기자 개인방의 표시

▲ 연기자 개인방의 내부

작은 원룸 같은 분위기로 일인용 침대가 있으며 분장 및 샤워를 할 수 있는 시설을 갖추고 있다.

리허설 진행

리허설 직전에 연기자와 스태프가 모두 스튜디오에 들어와 있는지
확인한 후 리허설 사인을 보낸다.

🎥 진행 관련

　리허설 진행은 진행 감독(FD)이 녹화 전날 문자 등으로 연기자와 모든
스태프에게 연락하고, 녹화 당일 리허설 10분 전에 최종 공지한다.

　주로 단체 문자 등으로 연기자와 모든 스태프에게 공지하고, 연기자에게
는 개인 대기실로 직접 방문해서 확인하기도 한다.

　리허설 직전에 연기자와 스태프가 모두 스튜디오에 들어왔는지 확인한
후 리허설 사인을 보낸다. 이외에 스튜디오 안을 진행하는 FD와 스튜디오
밖에서 연기자를 준비시키는 FD로 나누어 진행하기도 한다.

해당 장면의 연기자와
스태프가 참석하며,
천장의 상시등과 기본 조명
등기구를 점등시켜 진행한다.

▲ MBC 일일극 《다시 시작해》의 리허설 진행 모습

📺 소도구 관련

스튜디오의 기본적인 소도구 준비는 전날이나 녹화 당일 새벽에 설치를 마친다. 리허설 시에는 준비된 물품이 연기자의 동선과 맞는지 연기할 때 제대로 작동이 되는지 확인하고, 녹화에 필요한 물품에 대한 체크와 연출자가 추가로 부탁한 물품에 대한 점검도 함께 진행한다.

빠른 진행을 위하여 리허설 중간에 필요한 물품의 구입에 대한 지시를 병행해야 한다. 리허설의 처음부터 끝까지 연출자와 함께 움직이며 체크하고, 정리해야 녹화에 들어갔을 때 소도구로 인한 지연을 미리 예방할 수 있다.

드라마의 내용상 반드시 필요한 책을 제외한 모든 책의 안을 스티로폼으로 대체한다.

▲ 책장에 비치된 소도구용 책

책장 비치용 책은 겉표지만 남기고 안의 내용은 가벼운 스티로폼으로 대체해 이동 시 무게 부담을 줄인다.

▲ 소도구 팀이 만든 가벼운 책

⊛ 미술 세트 관련

주로 세트 디자이너가 함께 참석하는데, 스튜디오 초반 녹화 시 세트의 구조에서 카메라의 워킹, 또는 shot에 문제가 있거나 조명 등기구의 위치에 문제가 발생할 수 있다.

만약 문제가 발생한다면 세트 디자이너는 세트 현업 담당자와 함께 현장을 확인한 후 체크한 후 리허설 이후에 수정 또는 보완 지시를 요청한다.

리허설 시에는 연기자의 동선과 소도구 및 출입문의 위치나 방향 등에 대한 문제점이 없는지 확인해야 하고, 카메라 감독이 연기자의 보다 나은 shot을 위하여 세트에 별도의 구멍을 뚫는 것에 대한 확인을 해야 한다.

그리고 리허설과 소도구 정리가 모두 끝나면 거실이나 방 등의 전체적인 청소를 실시한다. 스튜디오의 청소는 빗자루를 사용하지 않고 주로 밀대와 걸레 또는 진공청소기로 청소하는데, 그 이유는 기본적으로 스튜디오 내의 먼지 발생을 가급적 줄이기 위함이다.

⊛ 카메라 동선 관련

연출자는 카메라 창고의 위치와 스튜디오 평면도를 보고 콘티 대본을 작성하는데, 세트의 위치가 변동되거나 소도구의 위치 이동 시에는 사전에 정리한 카메라의 콘티와 100% 일치하지 않을 수도 있다.

리허설을 진행하다 보면 연기자의 동선과 카메라의 콘티가 달라지는데, 이때에는 상호 체크해 가며 현장에서 즉시 수정해야 한다.

달라진 동선과 카메라 콘티는 연출자와 기술 감독, 카메라 감독, 진행 감독, 연기자, 음향 감독, 마이크 담당자가 반드시 숙지해서 녹화 시 바뀐 콘티에 따른 실수가 없어야 한다. 또한 스크립터는 카메라 콘티가 바뀌면 연출자와 기술 감독에게 반드시 수정해서 전달해야 한다.

연기자가 앉아서 연기하는 경우에는 무방하지만, 서서 앞뒤로 이동하며 연기하는 경우에는 동선 체크가 반드시 필요하고, 약속대로 움직여야 동선 이동에 따른 NG가 발생하지 않는다.

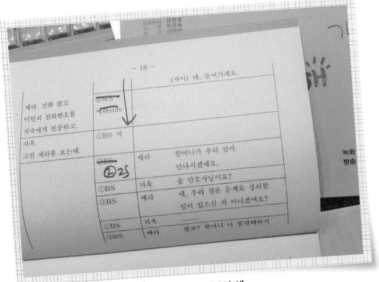

▲ 콘티 수정 대본의 예

☆ 연기자의 위치 관련

기본적으로 리허설을 할 때는 모든 연기자가 스튜디오 안으로 들어와서 리허설 준비를 해야 한다. 그러나 1시간 30분에서 2시간 정도 걸리는 리허설 진행 과정의 진행표에서 연기자 본인의 리허설이 끝난 경우에는 스튜디오 밖의 대기실로 이동하여 개인적으로 연습을 하던가 아니면 휴식을 취하기도 한다.

리허설을 진행하다 보면 원활한 진행을 위하여 한 장소에서 여러 회차의 장면을 몰아서 동시에 진행하는 경우가 있다. 그렇기 때문에 연기자는 가급적 스튜디오 내에 대기하면서 빠른 스탠바이(준비)로 리허설의 진행에 차질을 빚지 말아야 한다.

왜냐하면 리허설은 1~2명의 스태프가 없어도 진행할 수 있지만, 한 명의 연기자라도 없는 리허설은 진행할 수 없기 때문이다.

🎥 조명 관련

리허설을 진행할 때는 기본적으로 조명 감독과 스튜디오 조명 담당 선임자가 함께 참여한다.

리허설을 진행하기 전에 이미 조명에 대한 기본적인 설치와 준비는 모두 마친 상태이다. 따라서 진행표와 대본을 보고 연기자의 위치가 조명을 설치한 곳과 차이가 없는지를 확인하고, 조명이 없는 곳에서 연기할 경우에는 조명을 추가로 설치할 것인지 아니면 연기자의 위치를 조정해 해결할 것인지에 대한 판단을 하고 지시한다.

그리고 드라마 내용상 방의 불이 꺼진 상태(Light Off)나 분위기 조명(스탠드 장면)에서 연기자의 동선과 콘티를 정확하게 체크해서 녹화 시 조명으로 인한 시행착오를 최소화해야 한다.

또한 세트 정면에 있는 유리 액자에 빛이 반사하거나 장롱이나 냉장고에 빛이 반사하는지에 대해서도 체크하고, 소도구팀과 협의하여 수정하거나 교체하기도 한다.

리허설을 진행하면서 발생하는 세트와 조명에 대해 보완할 점들은 세트 디자이너와 협의를 통하여 수정해 나가야 한다.

▲ MBC일일극 《다시 시작해》의 한 장면

3. 스튜디오 녹화 제작 과정

스튜디오 제작은 짜여진 콘티에 의하여 연기자가 연기를 연속적으로 하는 것을 말하고,
스튜디오의 모든 스태프가 하나의 목표를 향해 움직이는 일이다.

#3-1 스튜디오 진행

인터컴으로 연출자의 지시를 받아 모든 스태프에게 지시하는
선임 FD와 부선임 FD가 전반적인 진행을 담당한다.

🎥 스튜디오 진행 관련

FD는 부조정실의 연출자로부터 지시를 받아 신속한 판단으로 스튜디오 제작의 처음과 끝을 진행한다. 기본적으로 진행표의 순서대로 녹화를 진행하지만, 연기자의 스케줄과 녹화 시에 발생하는 돌발 변수를 빠른 판단으로 대처하고 연출자에게 보고한다. 인터컴으로 연출자의 지시를 받아 모든 스태프에게 지시하는 선임 FD와 부선임 FD가 전반적인 진행을 담당한다.

선임 FD는 녹화 시 연출자가 연기자에게 전달하는 내용을 사실에 입각하여 연기자의 감정을 해치지 않으면서 조리 있게 전달해야 한다.

왜냐하면 연출자의 의견을 전달 시 내용이 조금만 왜곡되어도 연기자가 이해하지 못해 연기의 감정이 달라지거나 불필요한 오해를 살 수 있기 때문이다.

녹화 시 부조정실과 스튜디오는 서로 마주보며 일을 하는 것이 아니라 모든 진행이 말로써 전달되기 때문에 전체를 진행하는 FD의 말 한마디가 매우 중요하다.

그리고 연출자가 연기자에게 더 정확한 의미를 전달하기 위하여 FD의 이어폰을 연기자에게 연결해서 인터컴으로 내용을 전달하기도 한다.

카메라 진행

카메라 감독은 스튜디오에서 진행되는
기술 파트의 조명이나 음향과 미술 파트의 전반적인 진행을
도와주고 이끌어 나가야 한다.

🎥 카메라 진행 관련

　부조정실의 진행을 기술 감독이 관장한다면, 스튜디오에서는 카메라 감독이 전반적인 분위기를 총괄한다고 볼 수 있다.

　전체적인 진행은 FD가 하지만 최종적으로 상의하고 결정하는 스튜디오 스태프는 카메라 감독이고, 스튜디오 녹화 분위기와 연기자의 감정선 등에 직간접적으로 영향을 미치기 때문에 모든 결정에 신중해야 한다.

　카메라 감독은 스튜디오에서 진행하는 기술 파트의 조명, 음향과 미술 파트의 전반적인 진행을 도와주고 이끌어 나가야 한다.

▲ 스튜디오 카메라의 운용

#3-3 조명 진행

장면에 필요한 조명 스탠드나 각종 조명 기기의 운용은
부조정실에서 조명 감독의 지시를 받고 등기구의 수정과 보완을 한다.

🎥 조명 진행 관련

   기본적으로 녹화는 약 10시간 전후로 진행되기 때문에 조명 팀의 휴식 시간 등을 고려하여 스튜디오 녹화 시에는 3~4명씩 두 팀으로 진행하며, 장면에 필요한 조명 스탠드나 각종 조명 기기의 운용은 부조정실에서 조명 감독의 지시를 받고 등기구의 수정과 보완을 한다.

   특히, 세트에 부착된 사진, 액자, 하이그로시(high glossy) 장롱 등 조명에 의하여 비추는 빛 반사를 신속하게 움직이며 처리한다.

   조명 인터컴은 별도로 설치되어 있으며, 팀장과 부팀장이 착용한다.

   조명 진행에 대한 내용은 5장의 '5-5 조명 스태프 24시'에 자세하게 기술되어 있다(238쪽 참고).

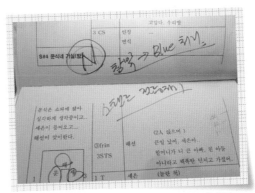

▲ 드라마 조명 내용을 체크한 조명 감독의 대본

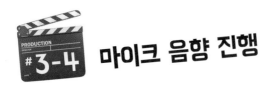

마이크 음향 진행

스튜디오에서는 스태프의 작은 기침 소리, 휴대폰 진동 소리, 작은 발걸음 소리,
소도구를 만지는 소리와 연기자의 대사 이외의 소음이 주변에 상존해 있고
경우에 따라서는 스튜디오 밖의 소음이 영향을 주기도 한다.

🎥 마이크 음향 진행 관련

스튜디오 제작에서 녹화 시 가장 많이 발생하는 NG의 요인은 음향 파트
이다. 왜냐하면 붐 오퍼레이터가 아무리 잘해도 현장에 있는 연기자나 스
태프가 100% 협조하지 않으면 소음으로 인한 NG가 발생하기 때문이다.
연기자의 대사 이외의 모든 소음은 음향에서 NG이다.

스튜디오에서는 스태프의 작은 기침 소리, 휴대폰 진동 소리, 작은 발걸음
소리, 소도구를 만지는 소리와 연기자의 대사 이외의 소음이 주변에 상존
해 있고, 이외에 스튜디오 밖의 소음이 영향을 주기도 한다.

스튜디오 음향 담당자는 출입구의 열림으로 인한 외부 소음을 차단하고
스태프의 휴대폰 소리가 발생하지 않도록 주의시켜야 하며, 녹화가 시작
되기 전에 모든 연기자와 스태프의 휴대폰은 무음으로 설정해 달라는 고지
를 해야 한다. 또한 녹화 시에는 스튜디오 출입문을 진행팀에게 부탁해서
외부인의 출입을 통제시키기도 한다.

마이크 담당자는 각 장면마다 필요한 마이크 붐 스탠드의 숫자와 마이크
패치 번호를 대본에 표시하고, 부조정실에 있는 음향 감독에게 전달하여
운용하도록 한다.

녹화 도중에 마이크 번호가 바뀌는 경우에는 마이크 번호가 변경됨으로 인한 NG가 발생하지 않도록 신속하게 인터컴으로 음향 감독에게 연락해야 한다.

녹화 시 양질의 음향을 픽업하려면 연기자 가까이에 마이크를 접근시켜야 하므로 대본의 카메라 콘티를 정확하게 파악하고, 카메라의 동선을 살펴보며 적재적소에 마이크 붐 스탠드를 위치시켜야 한다.

연기자 가까이에 마이크를 접근시켜야 하는 경우에는 마이크 그림자가 연기자의 얼굴이나 세트에 비추어지지 않도록 조심해야 하고, 카메라 풀 shot 시에 마이크가 화면에 노출되지 않게 조심해야 한다.

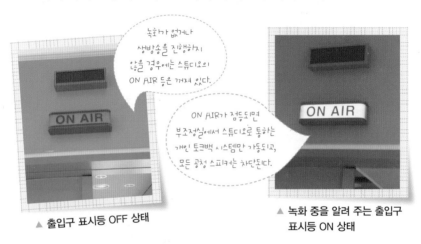

녹화가 없거나 생방송을 진행하지 않을 경우에는 스튜디오의 ON AIR 등은 꺼져 있다.

ON AIR가 점등되면 부조정실에서 스튜디오로 통하는 개인 토크백 시스템만 가동되고, 모든 공청 스피커는 차단된다.

▲ 출입구 표시등 OFF 상태

▲ 녹화 중을 알려 주는 출입구 표시등 ON 상태

▲ 마이크 붐 스탠드의 운용

세트 반입 통로는 이중의 대형 방음문으로 제작되어 완벽하게 외부 소음을 차단한다.

▲ 세트 및 소도구 출입용 대형문

세트 출입문과 마찬가지로 이중문으로 제작되어, 녹화 시 복도의 소음을 완벽하게 차단한다.

▲ 스태프 및 연기자 출입문

#3-5 소도구 진행

연기자가 서류나 편지 등의 종이류를 찢거나 그릇 등을 깨뜨리는
물품에 대해서는 예비로 2~3개를 준비하여 NG 시 신속하게 대체한다.

🎥 소도구 진행 관련

소도구 팀은 소도구의 기본 준비와 리허설 시보다 나은 제작을 위하여
연출 팀이 당일 요청한 물품 등의 준비로 녹화 진행 시 가장 많은 시간이
소요되고, 잔손이 많이 가기 때문에 스튜디오 내 별도 공간에 소도구 전용
밀차를 준비해 두고 신속하게 진행한다.

그리고 준비한 소도구가 연기 내용과 다소 맞지 않을 경우에는 신속하게
소도구 보관실에 연락해서 연출이 요구하는 물품을 공급받기도 하고, 만약
준비하는 데 많은 시간이 걸릴 것 같으면 다른 장면의 녹화를 먼저 진행하
면서 준비한다.

드라마 내용상 연기자가 서류나 편지 등의 종이류를 찢거나 그릇 등을
깨뜨리는 물품에 대해서는 예비로 2~3개를 준비하여 NG 시 신속하게 대
체한다.

완벽한 소도구의 준비는 동일한 조건에서 스튜디오 녹화를 빠르게 진행
하는 최상의 지름길 중의 하나이다.

#3-6 세트 진행

녹화 과정 시 세트의 문제점이 발생하는 경우에는
현장에서 FD가 처리하거나 세트실 대기 팀에게 연락해 즉시 보완한다.

🎥 세트 진행 관련

　세트 팀은 리허설 직후 연출 팀이 요구한 내용과 미술 디자이너가 지적한 세트를 보완하고 녹화 개시 전에 마무리해야 한다.

　하지만 녹화 과정 시 세트의 문제점이 발생하는 경우에는 현장에서 FD가 처리하거나 세트실 대기 팀에게 연락해 즉시 보완한다.

　녹화 과정 시 같은 공간의 부족으로 스튜디오에서 일부 세트를 촬영하고 다른 세트로 교체('세트 전환' 또는 '덴가이'라는 일본어 사용)하는 경우가 있는데, 주로 휴식 시간이나 저녁 시간을 활용해 제작 시간을 절약한다.

　녹화 시 창문 밖의 사진 세트를 설치하거나 교체하는 경우에는 연출부의 진행 팀이 주로 담당한다.

리허설 때보다 나은 인물이나 영상 표현을 위하여 카메라 감독이 정한 위치에 일정한 구멍을 내 녹화를 진행한다. 그리고 녹화가 끝나면 구멍 난 위치에 액자나 기타 세트 등을 설치한다.

▲ 세트에 구멍을 낸 모습

방송에서는 '가배' 또는 '가가미'라고 한다.

촬영할 방이나 거실의 도배지 등의 문양과 동일한 패턴이나 색으로 제작한 이동용 세트이다. 카메라가 세트 안쪽으로 들어가 제작하는 경우에는 반대편에 설치해 불필요한 노출(일명 '바래루')을 처리한다.

▲ 각종 벽채 세트

4. 부조정실 제작 과정

부조정실은 드라마 제작의 컨트롤 타워로 마이크라는 매개체를 통해 스튜디오와 원활한
의사소통과 함께 제작의 시작과 마무리를 결정하는 과정이다.

부조정실 기본 구조

부조정실은 음향을 컨트롤하는 공간과 영상을 컨트롤하는 공간,
그리고 기계실의 세 구역으로 크게 나누어져 있다.

📹 부조정실 관련

　스튜디오를 운용하고 엔지니어와 연출자가 근무하는 방을 '부조' 또는
'부조정실'이라고 한다.

　기본적으로 연출자와 기술 감독이 통제하기 쉬운 동선으로 설계되어 있
으며, 연출자와 기술 감독은 부조정실의 가운데 위치하고 있다.

　부조정실은 기본적으로 드라마의 음향과 영상을 만들어 내는 장소이다.
그래서 부조정실은 음향을 컨트롤하는 공간과 영상을 컨트롤하는 공간, 그
리고 기계실의 세 구역으로 크게 나누어져 있다.

　음향을 컨트롤하는 공간에는 음향 감독과 효과맨이 함께 위치하고 있고,
근처에는 항시 녹음할 수 있는 녹음 부스(녹음실)가 위치하고 있다.

　영상을 만들어 내는 공간에는 카메라를 조정하는 비디오 데스크와 조명
콘솔이 근접해 있고, 녹화 데스크(서버)는 약간 떨어져 있다.

　그리고 영상과 음향 공간 가운데에 마스터 콘솔(스위처)이 있고, 여기에
연출자와 기술 감독이 좌우를 관리한다.

　영상을 만들어 내는 공간 쪽 근처에 유리문과 별도의 냉방 시설이 되어
있는 기계실이 있다.

일반적으로 기계실 문이 유리로 되어 있는 이유는 영상이나 음향 기기의 오작동 발생 시에 더욱 신속하게 확인하고 조치하기 위함이고, 장비의 열을 효과적으로 처리하기 위한 별도의 환기 팬과 일정 온도를 유지하기 위해 에어컨을 설치한다.

부조정실의 바닥은 20~30cm 정도의 공간이 떠있는데(일종의 덕트), 그 이유는 부조정실에 설치되어 있는 모든 기기의 전원선과 신호선이 포설되는 공간이기 때문이다(공장이나 지하실의 덕트는 천장에 노출되어 있음).

엑세스 플로워는 60cm×60cm의 알루미늄 형태의 마루판이 깔려 있고, 고무 압착기를 이용해서 오픈이 가능하다.

고장 시 빠른 확인을 위해 통유리 문으로 제작된 기계실은 별도 냉방 시설을 갖추고 있으며, 온도계도 설치되어 있다.

▲ 부조정실 안의 기계실

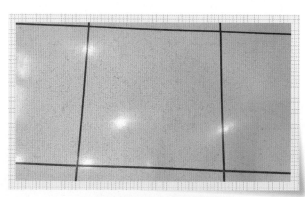

각종 장비가 설치되어 있는 부조정실 바닥은 60cm×60cm의 정사각형 조각으로 만들어진 덕트로 되어 있다. 금속 제품의 경우는 10kg, 나무 제품의 경우는 6kg이다.

▲ 부조정실 바닥의 엑세스 플로어

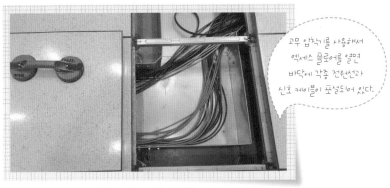

고무 압착기를 사용해서
엑세스 플로어를 열면
바닥에 각종 전원선과
신호 케이블이 포설되어 있다.

▲ 엑세스 플로어를 개방한 모습

▲ 엑세스 플로어를 열어서 살펴본 바닥 내부

📺 스튜디오와의 의사소통 관련

기본적으로 인터컴이라는 마이크를 통해 무대 감독(FD), 카메라 감독, 소도구 담당자, 마이크 담당자, 조명 담당자가 대화하며 의사소통을 진행한다.

인터컴은 프로그램 제작에 직접적인 역할을 하지는 않지만 제작 기반 시설에 있어서 가장 중요한 커뮤니케이션 방송 장비라고 생각한다. 왜냐하면, 프로그램 제작의 가장 기본이 되는 것이 보이지 않은 스태프와의 의사소통인데, 서로 얼굴을 보지 않고 의사를 전달하기 때문에 더욱 정확하고 분명한 목소리가 필요하기 때문이다. 그러므로 인터컴에 문제가 생기면 녹화의 진행이 매우 불편하고 원만한 제작이 불가능하다.

#4-2 부조정실 녹화 준비

드라마 녹화는 주로 오후에 진행하는데, 진행 팀이 작성한 큐시트(진행표)로
무대 감독의 준비 사항을 전달받아 녹화를 진행한다.

🎥 녹화 준비 관련

녹화 개시 1시간 전후로 스튜디오에서 녹화할 카메라의 기계적인 조정
(카메라 얼라인, camera align)을 영상 감독이 진행하며, 대략 20~30분
정도 소요되며, 기계적인 조정을 마친 카메라로 분장을 마친 여자 연기자
(주인공급)를 모델로 하여 피부 톤을 조정한다.

그리고 드라마의 내용상 필요한 대사나 전화 필터 소리에 대한 녹음은
해당 연기자를 불러 부조정실 녹음실(녹음 부스)에서 녹음한다.

음향 감독과 효과맨이 참여하고 녹음에 대한 조정과 감독은 조연출이나
스크립터가 진행하고, 연기자의 연기에 세밀한 디테일이 요구되는 경우에
는 연출자가 직접 녹음 감독을 진행하기도 한다.

📺 부조정실 실내 조명 관련

부조정실 내의 평상시 조명은 기본적으로 밝게 유지한다. 그러나 녹화를
시작하게 되면 밝은 실내 조명을 부분 조명으로 전환하게 되는데, 부분
조명은 주로 세트나 장식 조명에 사용하는 할로겐 전식을 사용한 조명으로
사용한다.

밝은 조명을 사용하지 않고 부분 조명을 사용하는 이유는 프로그램 제작 시 부조 스태프가 보는 각종 모니터에 주변의 산란광이 떨어지면 정확한 비디오 상태를 볼 수 없기 때문에 모니터가 아닌 데스크로 조명을 비추게 하는 부분 조명으로 녹화를 진행한다.

파트마다 천장에서 비추는 부분 조명 대신 녹화의 집중도를 높이기 위해 별도의 개별 스탠드 조명을 사용하기도 한다.

녹화를 하지 않을 경우 부조정실은 천장이 모든 등을 켠 상태에서 업무를 진행한다.

▲ 녹화 전 부조정실의 밝은 조명

천장의 밝은 등으로 소등시키고, 원하는 부분 조명만 점등하고 진행한다.

▲ 녹화 중 부조정실 조명

⊛ 부조정실 녹화 시작 관련

드라마의 녹화는 주로 오후에 진행하는데, 진행 팀에서 작성한 큐시트(진행표)로 무대 감독의 준비 사항을 전달받아 녹화를 진행한다.

연출자가 구성한 콘티에 의하여 카메라 감독이 잡은 shot과 음향 팀과 조명 감독의 최종 오케이 사인이 나면, FD와 기술 감독에게 큐 사인을 보내고 기술 감독은 서버 마스터(녹화 감독)에게 녹화를 지시하고, 연출자의 '스탠바이 큐'나 '액션 큐' 사인을 시작으로 마스터 콘솔(스위처)의 카메라 버튼 컷팅으로 녹화를 시작한다.

즉, 녹화는 스튜디오와 부조정실의 모든 스태프의 영상과 음향이 100% 만족해야 시작되는 것이다.

♟ 녹화 진행 관련

녹화의 진행을 가급적 대본의 순서대로 진행하는 것이 가장 이상적이다. 왜냐하면, 드라마는 기본적으로 연기자의 감정을 최우선으로 하는 것이 중요하기 때문이다.

빠른 녹화 진행을 위해 연기의 순서가 앞뒤로 뒤바뀐 연기자는 감정선 연결에 문제가 생길 수 있기 때문이다. 일반적으로 연기자가 눈물 흘리는 장면을 녹화할 때는 충분히 카메라 리허설을 하고 연기자의 감정이 최고로 고조된 상태에서 한 번의 녹화로 진행하는 것을 원칙으로 한다.

드라마 녹화 시 연출자와 스태프는 첫 번째 하는 연기자의 연기가 가장 좋고 감정이 살아 있는 연기라고 생각한다.

★ 녹화 휴식 시간 관련

드라마 녹화는 약 1시간 30분이나 2시간 정도 진행하고 15분에서 20분 정도의 휴식을 갖는다.

FD는 스튜디오의 카메라 감독과 상의하여, 진행상 연기자의 의상 교체나 분장 등의 수정과 소도구 준비 등 필요한 시간이 요구될 때 휴식한다.

휴식 시간에는 스튜디오의 상시 등을 환하게 점등시키고, 녹화 시 사용했던 방송용 조명은 서서히 소등시키며 부조정실에서는 음료수를 마시거나, 스태프들이 모여 이야기하기도 하고, 준비된 간식을 먹으면서 대화를 나눈다.

휴식 시간에 스태프가 모여 친목을 다지며, 의견을 교환한다.

▲ 부조정실 간식

🎥 녹화 종료 관련

드라마 녹화 종료는 부조정실의 연출자가 최종적으로 선언하는데, 주로 "수고하셨습니다."라고 인사하고 녹화를 마무리하게 된다. 부조정실도 기술 스태프도 스튜디오의 스태프에게 인사하고 정리하게 된다.

부조정실의 부분 조명을 밝은 조명으로 점등시킨 후 각종 장비에 대한 정리정돈과 각 파트별 전원을 끈다.

특히, 조명 팀의 경우에는 스튜디오 천장의 상시 전원이 모두 점등이 된 것을 확인한 후에 녹화 시 사용했던 방송용 조명 등기구를 천천히 소등시켜야 한다. 왜냐하면, 스튜디오 상시등의 점등이 안 된 상태에서 녹화에 사용했던 조명 등기구를 빨리 소등시키면, 순간 스튜디오가 어두워져 안전사고의 원인이 되기 때문이다.

5. 녹화 종료 후
스튜디오 진행 과정

녹화 종료 후의 모든 철수는 다음 제작의 시작과 같다. 안전하고 정확하며 신속하게 진행해야 한다.

카메라와 음향 기기 철수

카메라 렌즈는 수천만 원 이상의 고가이기 때문에
표면에 먼지가 묻거나 흠집이 생기면 녹화에 막대한 지장이 생기므로
창고에서 카메라를 이동할 때는 렌즈를 보호하는 캡을 반드시 씌워야 한다.

🎥 카메라와 음향 기기 철수 관련

스튜디오 녹화가 끝나고 상시 전원이 모두 점등되어 환해지면 마지막까지 연기한 연기자와 스태프가 서로 인사를 나누고, 바닥에 포설된 전원 라인을 철수한 후 EFP 카메라부터 철수를 한다.

먼저, 부조정실 영상 감독에게 카메라의 전원을 OFF시켜 달라고 한 후 카메라와 케이블을 분리시키는데, 그 이유는 케이블과 카메라를 함께 철수하면 서로 섞여서 음향의 스탠드 붐 등과 얽히므로, 본체와 케이블을 분리하면 더욱 안전하고 신속한 철수를 할 수 있기 때문이다. 카메라 철수 시에는 반드시 렌즈를 보호하는 캡을 장착해야 한다.

스탠다드 카메라와 케이블은 카메라 창고에 반드시 원위치시키고, EFP 카메라는 영상 감독에게 반납하여 별도의 공간에 보관한다.

카메라 렌즈는 수천만 원 이상의 고가이기 때문에 표면에 먼지가 묻거나 흠집이 생기면 녹화에 막대한 지장이 생기므로 창고에서 카메라를 이동할 때는 렌즈를 보호하는 캡을 반드시 씌워야 한다.

▲ 스탠다드 카메라 렌즈 캡

드라마에서 보통 2대의 EFP 카메라를 사용하며, 해당 부조정실의 캐비닛에 별도로 보관한다.

▲ 부조정실 EFP 카메라 보관함

카메라의 철수와 동시에 음향 장비의 철수도 함께 한다.

우선 마이크 붐 스탠드에 부착했던 마이크를 빼서 별도의 케이스에 보관하고, 붐 스탠드와 연결된 음향 케이블을 분리한다. 분리가 된 음향 케이블의 철수는 방송사마다 차이가 있다. MBC의 경우에는 스튜디오 천장에 음향 케이블 전용 승강 장치를 이용하여 전동으로 철수하고, 스튜디오 벽에서 사용한 케이블은 손으로 철수한다.

그리고 FD나 소도구 팀이 사용했던 인터컴에 대한 반납을 받아 수량과 망실 유무도 반드시 체크해야 한다.

조명 등기구 철수

리허설 때 설치하지 않은 유리 제품(도자기, 화병, 전기스탠드 등)이
세트에 비치되어 있기 때문에 조명 철수 시 깨지거나 망가트리는 경우가 가끔 발생한다.

🎥 조명 등기구 철수 관련

　카메라와 음향 장비의 철수가 어느 정도 마무리되면 조명도 철수를 시작하는데, 철수의 기본적인 순서는 설치의 역순이라고 생각하면 된다.

　물론, 가장 주의해야 할 점은 안전이고, 리허설 때보다 정교하게 세팅된 소도구의 분실에 주의해야 한다. 리허설 때 설치하지 않은 유리 제품(화병, 도자기, 전기스탠드 등)이 세트에 비치되어 있기 때문에 조명 철수 시 깨지거나 망가뜨리는 경우가 가끔 발생한다.

　그래서 소도구 팀과 조명 팀은 철수 전에 세트 주변에 깨질 수 있는 유리 제품을 더욱 안전하게 먼저 철수한 후, 조명 주변 기기를 철수하는 것이 바람직하다.

　조명이나 다른 파트의 안전사고는 철수할 때 가장 많이 발생하는데, 그 이유는 새벽에 녹화를 끝내고 장시간 작업으로 지친 상태에서 긴장이 풀려 순간 방심하기도 하고, 빨리 마치고 쉬고 싶은 마음이 앞서기 때문이다.

　조명 등기구나 조명 주변 기기는 조명 창고에 잘 정리정돈해 두어 다음 근무자가 사용할 때 불편함이 없게 해야 하고, 녹화 시 고장이나 이상이 생긴 장비는 반드시 메모나 문자로 연락해서 정비 팀에게 알려 주어야 한다.

소도구 철수

카메라 팀이나 조명 팀을 위해 세트 주변에 비치된 깨지기 쉬운 물건들을
우선적으로 철수하고, 세트에 부착된 전원 케이블이나 커튼 등의 물품들을 정리한다.

소도구 철수 관련

조명 팀과 비슷한 시간에 소도구 팀도 함께 철수한다.

소도구 철수의 기본 원칙은 원래의 상태대로 안전하게 철수를 진행하고,
다음 녹화에 대비하여 정리하며 진행하는 것이다.

카메라 팀이나 조명 팀을 위해 세트 주변에 비치된 깨지기 쉬운 물건들
을 우선적으로 철수하고, 세트에 부착된 전원 케이블이나 커튼 등의 물품
들을 정리한다.

소도구의 경우는 해당 드라마 밀차에 정리해서 보관하고, 지하의 소도구
창고로 이관해서 다음 녹화 때 다시 설치한다.

해당 드라마에서 사용되는 소도구들은 가급적 다른 드라마에 빌려 주지
않는 것이 일반적이다. 왜냐하면, 녹화가 겹칠 경우에는 장면 연결마다
소도구를 찾기도 어렵고, 물건이 섞이면 서로 문제가 되기도 하기 때문이다.

철수 시간은 2~3시간 정도 걸리며, 사극이 현대극보다 빠르다. 왜냐하면
사극은 냉장고, 주방기기, 소파, 장롱 등 커다란 생활 소도구가 없고, 가볍
고 간단하기 때문이다.

지하실에서 제작된
세트 및 소도구 등을
스튜디오로 옮길 때 사용하는
대형 엘리베이터 모습이다.

▲ 세트 및 소도구 운반 엘리베이터

작은 차니톤 보괴도 입고 가능한
크기와 하중을 가지고 있다.

▲ 세트 및 소도구 운반 엘리베이터 내부

#5-4 세트 철수

현대극의 경우에는 철수 시간이 3~4시간 걸리는데,
사극은 현대극보다 천장이 없어서 1시간 정도 빠르게 진행된다.

📹 세트 철수 관련

소도구 철수가 어느 정도 마무리되면 세트 철수가 시작된다.

현대극의 경우에는 벽 세트에 부착된 천장(남마)이나 돌출보(하리) 등을 띄우고, 좌우 벽체는 세트용 대형 밀차로 옮긴다. 세트 바닥의 장판 등은 잘 말아서 정리한 후 바닥의 덧마루(니쥬)와 받침목(아시)를 정리한다.

바닥의 정리가 마무리되는 시점에서 공중에 띄워 둔 천장이나 돌출보를 하강시켜 철수한다.

현대극의 경우에는 철수 시간이 3~4시간 걸리는데, 사극은 현대극보다 천장이 없어서 1시간 정도 빠르게 진행된다.

세트 철수는 밤이나 새벽에 진행되는 관계로 세트 조립 팀 안전사고에 유의해야 한다.

특히, 새벽의 세트 작업은 작업자의 집중력이 현저하게 떨어지기 때문에 안전사고의 위험에 항상 노출되어 있고, 빈번한 망치의 사용과 수십 kg이 넘은 벽체 세트의 이동에 따른 손과 발의 부상에 유의해야 한다.

철수 시 세트 조립맨의 장갑 착용은 기본이고, 최근에는 머리 등의 부상 방지를 위하여 안전모(화이바)를 사용하기도 한다.

이동에 방해를 주지 않도록 대형 철제 밀차에 실린 세트를 노란색 적재 라인 안에 대기시킨다.

▲ 스튜디오 밖에 대기 중인 세트

드라마가 종영하면 모든 세트는 폐기처분한다. 세트에 못을 많이 사용해 재활용은 거의 불가능하고 주로 불을 땔 때는 화목으로 사용한다고 한다.

▲ 폐기 처분을 기다리는 세트

세트를 싣고 다니는 철제 밀차는 크고 무게가 많이 나가 이동 시 벽의 전원 콘센트나 기타 장비를 파손시킬 수 있어 철제 대형 보호 펜스를 설치해 파손에 대비한다.

▲ 승강기 옆에 설치된 대형 보호 펜스

#5-5 조명 스태프 24시

조명 감독은 각 카메라가 잡은 shot과 영상 상태를 보고,
화면에 조명 등기구의 노출이나 불필요한 빛이 보이면, 스튜디오 조명 선임자에게
인터컴으로 지시하여 조정봉이나 손으로 조명을 수정 및 보완한다.

MBC 드라마 조명 관련 협력업체인 명라이팅의 사원이 출근해서 퇴근할
때까지 스튜디오 드라마 조명 작업의 전 과정을 살펴보고 정리해 보았다.

🎥 조명 준비

아침에 출근해서 제일 먼저 하는 일은 조명 등기구를 설치하기 위한 준비
이다. 3m 사다리 4개, 2m 사다리 2개, 조명 필터 박스, 반사판, 반사 집게,
배튼 걸이, 조명 조정봉 4개, 무선 조명 배튼과 세트 배튼 컨트롤러를 준비
한다. 이때, 드라마를 비롯하여 모든 조명 작업 시 원활한 작업과 손 보호를
위해서는 반드시 장갑을 착용해야 한다.

각종 필터,
조명 램프, 조명 액세서리
등이 정리되어 있다.

▲ 조명 필터 박스

무선으로
충전용 배터리를
동력으로 작동된다.

▲ 준비된 조명과 세트 조명 컨트롤러 밀차

스튜디오 드라마 조명등기구
설치 시에는 2m와 3m의
사다리를 주로 사용한다.

▲ 대기 중인 사다리

조명은 10kg 이상의 등기구와
금속으로 만들어진 조명 주변기기를
다르고 전기를 사용하며
조명 등기구의 오랜 점등 시
굉장히 뜨겁기 때문에
손의 안전을 위하여 장갑 착용은 필수이다.

▲ 조명 작업자용 코팅 장갑

📺 조명 배튼의 하강과 필터 준비

배튼 컨트롤의 전원을 켜고, 조명 배튼을 세트에 걸리지 않을 만큼 하강시키고 그 다음 조명 등기구 설치에 사용할 각종 조명 필터를 준비한다.

필터 박스에서 LEE 216번 필터와 파라핀을 조명 등기구 종류(1K, 650W 스포트라이트)마다 Yellow 필터 650W 사이즈를 절단해 준비한다.

이 필터들을 각각 4개의 묶음으로 나누는데, 그 이유는 조명 등기구 설치시 4개조로 나누어 운용하기 때문이다.

LEE 216번 필터 1K, 650W 크기와 파라핀 650W 크기의 필터들은 8~10장씩 분배하고 파라핀 1K 크기는 12~15장, Yellow 필터 650W 크기는 4~5장씩 분배한다.

그 외에 LEE 129번 필터를 베이스와 플럭스 라이트에 씌울 크기로 준비하고, Double C. T. BLUE, Full C. T. Blue, 파라핀 원지, 베이스 석면 필터, 소프트 석면 필터, 쇠 집게, 반사판용 대형 플라스틱 집게 등을 준비한다.

조명에서 가장 많이 사용하는 집게로 등기구를 켠 상태에서는 열전도가 높아 뜨겁기 때문에 장갑을 끼고 사용해야 하지만 밀착도가 높아 많이 사용된다.

▲ 쇠 집게

조명용 우드락 반사판을 세트에 고정시킬 때에는 가장자리에서 이불 등 부피가 크 빨래를 넣 때 사용하는 대형 플라스틱 집게를 사용한다.

▲ 반사판용 집게

▲ 반사판용 대형 플라스틱 집게 사용 모습

더욱 부드러운 빛을 연출하기 위하여 스티로폼 재질의 우드락 반사판을 세트 좌우에 설치 하는데, 이때 반사판을 고정시키기 위해 대형 플라스틱 집게를 사용한다.

🕸 조명 등기구 설치

필터 준비가 끝나면 조명 등기구 설치를 시작하고 조명 작업은 2인 4개 조로 나누어서 진행된다. 조명 등기구 설치는 내려온 배튼에 설치하는 것보다 사다리를 사용하는 일이 많기 때문에 사다리 위에 올라가서 작업하는 선임자와 사다리 아래에서 도와주는 후임자의 2인 1조로 구성된다.

각자 사다리를 들고, 맡은 세트로 가서 선임자는 사다리 위에서 원하는 조명 등기구를 요청하고, 후임자는 등기구를 준비해 선임자에게 전달한다.

✤ 조명 배튼의 운용

조명 설치 담당자 외에 또 한 명의 조명 담당자가 있는데, 조명 배튼이나 세트 배튼을 올리고 내리는 조명 배튼 운용 담당자이다. 조명과 세트 배튼 컨트롤러를 밀고 다니면서 선임자과 후임자가 등기구 설치를 위해 부르는 배튼 번호를 정확하고 신속하게 올리거나 내려 주어야 한다.

이때, 배튼 조작을 운용하는 사람은 조명 팀이 불러 주는 소리를 잘 듣고 배튼을 작동해야 한다. 육체적으로 힘들지는 않지만 방심해서 배튼을 잘못 작동하면 안전사고의 위험이 있다.

부르는 소리가 애매하거나 잘 안 들리는 경우에는 임의로 판단해서 작동하지 말고, 다시 부탁해서 정확하게 듣고 진행해야 한다.

세트 배튼 밀차(왼쪽)와
조명 배튼 밀차(오른쪽)는
조명 등기구 설치 시
필요에 따라 세트 배튼을
일부 하강시켜 사용하기도 한다.

▲ 조명 배튼 운용 모습

조명 작업자 혼자서
배튼을 조작할 수 있는
승하강 보조 장치로 배튼 끝에
튀어나온 빨간 돌출 레버를
위아래로 당기면 배튼이
승하강된다.

▲ 배튼에 장착된 자체 승강 장치

☆ 조명 등기구 설치의 변수

조명 팀이 등기구 설치를 시작하는 시간은 세트의 진행 상황에 따라 달라지며, 새롭게 시작하는 드라마의 세트 제작은 초반에 시간이 많이 걸리고, 대소도구의 준비도 함께 늦어지기 때문에 조명 등기구 설치 시간도 함께 늦여지며 굉장히 가변적이다.

기본적으로 세트와 소품이 다 되어 있으면 바로 조명 설치에 들어간다.

시작되는 드라마의 첫 녹화 시나 전날 드라마가 늦게 끝나는 경우에는 도미노 현상으로, 다음 드라마 세트가 늦게 설치되고 일정상 불가피하게 세트와 조명 그리고 소도구 팀이 함께 진행하기도 한다.

전날 녹화가 늦어서 세트 완성까지 늦어질 경우에는 세트 벽체만 어느 정도 세워졌을 때 소도구 팀과 상의하여 소품이 들어오기 전에 빨리 조명 설치를 하고, 부수적인 조명 등기구는 소도구 설치 이후 리허설을 보며 설치 또는 수정하기도 한다.

🎥 휴식과 준비

등기구 설치를 마치면, 약 20~30분 정도의 휴식 시간을 갖는다.

모든 세트에 조명 등기구 설치가 완료되면 사용하다 남은 조명 등기구는 사용하지 않는 조명 배튼에 매단다. 이렇게 조명 등기구를 정리하고, 세트 주위의 사용하다 남은 조명 필터를 수거해 종류별로 정리한다.

조명 등기구 설치를 마친 다음,
사용하지 않은 등기구는
빈공간의 조명 배튼에 매달아
정리한다.

▲ 사용하지 않는 등기구 정리

설치와 휴식을 마치면 조명 등기구에 필터를 장착하는 작업을 하고 조명 포커싱(흔히 세팅 또는 불을 맞춘다는 표현을 사용)을 한다.

조명 포커싱은 연기자의 동선을 예상해서 주 광원(키라이트)을 정확하게 맞추고, 카메라 위치를 고려해서 조명 등기구에서 새어 나오는 불필요한 빛을 쿠킹 포일이나 블랙 포일 등으로 막기도 한다.

블랙 포일은 두꺼운 금속 재질로 원하는 대로 가공이 가능하고 여러 번 사용할 수 있다.

▲ 검은 포일을 씌운 등기구

등기구 포커싱 시 불필요한 빛을 차단하기 위해 조명 등기구에 부착해서 사용하는데, 얇아서 재활용은 어렵다.

▲ 쿠킹 포일(은박지, 은포일)을 씌운 등기구

이미 사용된 도배지는
다른 드라마에서 재사용하기
어렵기 때문에
조명 팀에서 빛을 가리는 용도로
사용하기도 한다.

▲ 도배지를 씌운 등기구

조명 포커싱 전에 필터 장착을 위한 작업을 하는데, 드라마마다 사용하는
필터에 조금씩 차이가 있다.

일일극《다시 시작해》에서는 키 라이트에 LEE 216번 필터를 끼고, 세트
를 살리거나 전체적으로 밝혀 주는 베이스와 플럭스 라이트에는 LEE 129
번 필터를 집게를 사용해서 씌운다.

필터 작업과 조명 포커싱을 조명 감독님과 함께 최종 확인하며 미진한
부분은 등기구의 추가 설치 또는 수정하고 마무리한다.

▲ 조정봉을 사용하여 조명 등기구를 조정하고 있는 모습

🖲 스탠드 조명 등기구의 설치

조명 설치 전에 꺼냈던 조명 주변 장비들은 다시 조명 창고 안에 넣고, 휴식을 마치고 나서 리허설 전에 하는 일은 세트에 설치된 창문에 사용할 스탠드용 조명 등기구를 꺼내 설치하는 것이다.

조명 작업을 하면서 창문에 햇빛이나 달빛용의 등기구를 배튼에 매달아 설치하기도 하지만, 조명의 각도와 다양한 위치를 고려해서 스탠드 조명 등기구를 사용한다.

또한 큐시트(진행표)를 보며 스탠드 조명 등기구에 필요한 조명 필터를 준비한다.

낮에는 조명 등기구에 ND(Neutral Density) 필터를, 밤에는 Double C.T. Blue를 사용하기 때문에 등기구에 맞게 준비하면서 기본적으로 ND 필터는 등기구 안에 항상 장착해 놓기도 한다.

조명 배튼이 없거나
빛의 좌우나 높낮이를 조정할 경우에는
조명 스탠드를 많이 사용한다.
여러 용도로 사용하기 위해
등기구 뒤에 필터를 미리 준비해
신속하게 처리한다.

▲ 스탠드 조명 등기구

등기구에 조명 필터나 블랙 포일 등을 씌워서 부착할 경우에는 쇠 집게를 사용한다.

▲ 조명 등기구에 장착된 필터와 쇠 집게

창문에 사용할 필터를 정리하고 스탠드 조명 등기구의 조명 전원 라인을 벽 쪽의 조명 전원 박스나 스탠드 등기구 주변의 상부 배튼에서 설치한다. 그리고 Y커넥터를 이용해 전기장식용 전원 라인도 함께 설치한다.

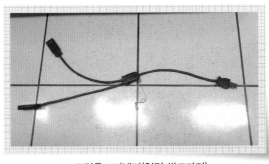

드라마나 쇼에서 가장 많이 사용하는 조명 연결선으로 두 개의 조명 등기구를 하나의 회로에 묶어서 사용할 경우 사용한다.

▲ 조명용 Y커넥터(일명 쌍고다리)

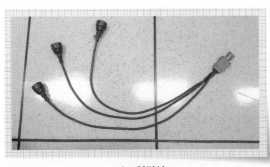

드라마 제작 시 조명 등기구가 아닌 전기용 스탠드나, 기타 전원선을 연결 시 사용하는 케이블이다.

▲ 3P 연결선

🎞 리허설 참여

리허설이 시작되면 배우들의 위치와 장면이 stand 장면인지, L/off 장면인지, 기타 특별한 상황들이 있는지 정확하게 체크한다.

그리고 연기자 동선과 카메라의 동선에 맞춰 조명 등기구의 위치가 정확하게 설치되었는지를 확인한 후, 미진한 부분은 조명 감독의 지시로 조명 등기구를 설치하거나 수정한다.

📷 카메라 조정(얼라인)

리허설이 끝나면 카메라 조정용 등기구(편광 LED 라이트)를 추가로 설치하여 카메라 어라인을 준비하는데, 어라인은 보통 녹화를 개시하기 한 시간 전에 진행한다. 보통은 리허설이 끝나면 점심시간을 가진 후, 카메라 조정을 하고 이후 녹화에 들어간다.

스탠드 조명 등기구나 조명 기구를 벽에 부착하여 사용할 경우에는 조명 전원으로 이용한다.

▲ 스튜디오 천장 상부에 승강 장치로 설치된 조명용 플로어 포켓

☆ 녹화 과정

《다시 시작해》에서는 특별한 경우가 아니면 조명 스탠드에 장착된 편광 LED 라이트를 항상 사용하였는데, 카메라와 붐 마이크가 자리를 잡으면 스탠드 LED가 나중에 자리를 잡는다.

거의 모든 장면마다 LED 라이트 2대를 사용한다. 주로 1번과 3번 카메라의 좌우에 위치하고, LED 라이트 설치 이후 카메라 워킹에 지장을 받을 경우에는 카메라 감독과 상의해서 조명 스탠드를 상황에 따라 앞뒤 또는 좌우로 변경하기도 한다.

LED 조명 기구는
스탠다드 카메라 좌우에 위치하며
주로 연기자의 눈동자를 살리는 효과와
턱의 그림자를 없애는 역할을 한다.

▲ LED 조명 기구를 사용해
녹화 중인 장면

▲ LED 조명 기구를 사용하고 있는 스튜디오
조명 선임자

▲ 스튜디오 조명 근무자가 LED 기구의
빛의 밝기를 조절하고 있는 모습

▲ LED 보조 광원을 켠 상태의 연기자 피부 톤(이항나 연기자)

▲ LED 보조 광원을 끈 상태의 연기자 피부 톤(이항나 연기자)

📽 조명의 수정

설치해 놓은 점등된 조명 등기구들도 각각 용도에 맞게 비추고 있는지 확인하고 부조정실의 조명 감독님의 지시를 기다린다.

조명 감독은 각 카메라가 잡은 shot과 영상 상태를 확인하고, 화면에 조명 등기구의 노출이나 불필요한 빛이 보이면, 스튜디오 내의 조명 선임자에게 인터컴으로 지시하여 조정봉이나 손으로 조명을 수정 보완한다. 녹화 시 영상에 관한 모든 것은 부조정실에서 조명 감독이 최종 결정하고 지시한다.

연기자나 소품 등이 카메라 shot에서 조금 벗어나거나 너무 멀어 보이거나 하면, 카메라의 위치를 조금씩 변경하기도 하고, 연기자도 보다 나은 shot을 위하여 제한된 공간에서 조금씩 움직이기도 한다. 소도구 역시 필요에 따라 세트 좌우나 밖으로 이동하기도 하고, 연기자가 서랍을 뒤지는 장면 같은 경우의 풀 shot은 그대로 촬영하지만, 타이트한 shot은 카메라가 세트 안으로 들어갈 수 없기 때문에 책상 서랍을 반대로 돌려서 찍기도 한다.

연기자를
세트 앞쪽(카메라 쪽)으로
이동시키기 위하여
카메라 감독이
탁자를 세트 밖에
설치하기도 한다.

▲ 세트 밖으로 덧댄 방 안 탁자 소도구

연기자가 의자에 앉았는데 화면에 어색하거나 배우들이 불편하면 다른 의자로 바꾸기도 하고, 배우들의 시선이 화면상으로 어색하면 상대 연기자의 시선에서 살짝 변경 지정해 주기도 한다.

조명으로 인해 마이크 그림자가 안 나오게 수정하기도 한다. 한 장면이 끝나고 촬영할 장소를 옮기면 카메라가 풀 shot을 통해 세트를 보여주는데, 이때 세트 '바래루'가 생길 때가 가끔 있고 무지 벽체 세트나 사진 세트를 설치해서 바래루를 감추거나 카메라 위치를 조정하기도 한다.

한 장면을 녹화하기 위해서 많은 사람들이 분주하게 움직이고, FD(진행감독)가 부조정실과 스튜디오를 잘 연결해서 수월하게 녹화를 진행하려고 노력하며, 또 다른 서브 FD가 다음 장면에 나올 연기자들을 준비시키고 다음 장소에 소도구나 여러 가지를 준비물을 사전에 점검한다.

이렇게 하루에 촬영할 분량을 모두 찍으면 녹화가 종료된다.

📺 녹화 종료

녹화가 끝나면 스튜디오 천장의 상시등을 모두 점등시켜 내부를 환하게 밝힌 후 조명 등기구의 철수를 시작한다.

카메라 팀과 음향 팀도 각자의 장비를 정리하고 해당 창고로 넣어 놓는다.

조명 팀도 배튼과 배튼 사이에 설치했던 배튼 걸이와 조명 반사판 등을 정리한다. 그리고 창문 세트에 사용했던 스탠드 조명 기구와 조명 라인을 정리하고 창고 안에 보관한다. 조명을 철수와 동시에 소도구 팀도 정리하고, 마지막으로 서로 수고했다고 인사한 후 퇴근한다.

▲ 정리된 조명 창고

UHD는 기존 HD 방식의 제작보다 더욱 고용량의 파일들을 이용하여 콘텐츠를 만들기 때문에 편집 과정에서 시간과 자원의 소모가 많다. 물론 아직은 제작에 있어 어려움이 상존해 있지만 향후 기반 기술의 발전에 따라 서서히 해소될 것이다.

아날로그에서 디지털로 진화한 TV 방식이 SD와 HD를 거쳐 UHD로 발전된 과정은 기본적으로 화면 품질의 향상이었다. 또한 UHD-TV는 선명한 화질뿐만 아니라 대화면의 제공과 멀티 음향과 시청자와의 진정한 양방향 서비스가 가능해졌다.

III

UHD 드라마 제작기

1. UHD 제작이란

4K 카메라로 제작되는 UHD 드라마가 본격적으로 제작되어 방송되고 있다. 향후 많은
시행착오와 제작 방법 등의 개선을 통하여 진일보한 영상이 연출되리라 생각한다.

UHD 제작의 이해

UHD로의 발전은 기본적으로 화면의 품질을 향상해 선명한 화질뿐만 아니라
대 화면의 제공과 멀티 음향과 시청자와의 진정한 양방향 서비스가 가능해졌고
원색에 가까운 색의 구현과 생생한 현장감 있는 화면으로 몰입감을 배가시켰다.

🎥 UHD-TV 기본 개요

　2017년 5월 31일, 기존 HD-TV에서 기술적으로 한 발 더 진보한 지상
파 UHD-TV가 개국하였다. UHD(4K)의 해상도는 3840×2160의 규격으
로, 기존 Full HD의 해상도인 1920×1080의 규격보다 가로, 세로가 두 배
씩 증가하여 4배의 선명한 화질을 나타내었다. 이로 인해 시청자들은 콘텐
츠를 더욱 실감형 영상으로 볼 수 있게 되었다.

　HEVC 압축 코덱과 디스
플레이 기술 등이 중요한
기술 기반이며, 실감형 콘
텐츠를 제작하기 위해서는
초고화질 카메라뿐만 아니
라 조명, 분장, 세트 디자인
들이 더욱 중요해지고 있다.

▲ 《부잣집 아들》 UHD 종합편집실 편집 과정

☝ UHD-TV 제작 과정

UHD는 기존 HD 방식의 제작보다 더욱 고용량의 파일들을 이용하여 콘텐츠를 만들기 때문에 고용량 데이터의 ingest, 편집, 렌더링들의 과정에서 시간과 자원의 소모가 많다. 물론 아직은 제작에 있어 어려움이 상존해 있지만 향후 기반 기술의 발전에 따라 서서히 해소될 것이다.

⑳ 아날로그에서 디지털로 진화한 TV 방식

아날로그에서 디지털로 진화한 TV 방식이 SD와 HD를 거쳐 UHD로 발전된 과정은 기본적으로 화면 품질의 향상이었다. 또한 UHD-TV는 선명한 화질뿐만 아니라 대 화면의 제공과 멀티 음향과 시청자와의 진정한 양방향 서비스가 가능해졌고 원색에 가까운 색의 구현과 생생한 현장감 있는 화면으로 몰입감을 배가시킨다는 것이 주요한 특징이다.

☒ UHD 촬영

UHD 촬영은 기존 HD 촬영 때보다 피사계 심도가 낮기 때문에 반드시 포커스 vmf러가 제작 현장에 존재해야 하고, 수많은 큰 몸집의 데이터를 정리하고 관리하는 데이터 매니저가 필요하다. 그리고 무엇보다 원색적이고 실감형 디스플레이의 화질 때문에 배우들의 피부색이 적나라하게 드러날 수 있기 때문에 분장과 조명의 세밀함이 더욱 중요하다.

UHD-TV 편집 과정

HD와 달리 UHD의 경우에는 큰 해상도 때문에 파일 용량이 크다.
종합 편집 중에 잘못된 CG 커트나 색 보정 커트 등을 수정하기에는 작업 장비의 성능 미달로
시스템이 다운될 수 있기 때문에 편집 시보다 완벽하게 편집 준비를 해야 한다.

🎥 가편집

　편집의 경우에는 기존의 HD 방식처럼 가편집 후 후반 작업 이후의 종합편집(완제)을 하여 완성품을 만든다. 이때, 가편집은 단순히 Video와 Audio만 NLE 편집기로 연출한 OK 화면을 순서대로 편집하는 작업을 말한다.

　이후, 필요한 CG 커트들은 VFX 팀으로 가편집본의 Video는 색 재현(Digital Intermediate) 팀으로, Audio는 Sound Mix 팀으로 보내어진다.

📺 종합 편집

　종합 편집(mastering)은 색 보정과 CG를 마친 영상과 Sound Mix를 마친 오디오, 음악, 효과음 등을 한데 묶어 완성품으로 만드는 최종 과정이다.

　HD와 달리 UHD의 경우에는 큰 해상도 때문에 파일 용량이 커지므로 종합 편집에 들어가기 전 후반 작업된 영상을 미리 HD급으로 Down-scaling하여 체크한 후, 편집에 들어가는 것이 좋다.

　또한 UHD는 색 보정과 VFX를 거치는 데 해상도가 4배 이상 크기 때문에 작업 시간이 HD보다 훨씬 길어지기도 한다. 이 때문에 UHD 촬영은 항상 여유 있게 진행하여야 후반까지 사고 없이 완제품을 만들 수 있다.

2. UHD 드라마 스튜디오 제작기

드라마 기획 회의 및 세트 등의 준비 과정부터 스튜디오 제작 과정을 날짜 별로 정리하였고, 조명의 준비 과정과 기법에 대해서도 간단하게 적어 보았다.

조명 개요

여기서는 스튜디오에서 제작된 MBC 주말드라마 《부잣집 아들》의 조명을 중심으로 한 제작 과정을 일지 형태로 정리해, 향후 본격적으로 제작될 것으로 예상되는 스튜디오 UHD 제작 환경의 기본적인 방향을 제시하고자 한다.

MBC 드라마에서는 미니시리즈를 비롯한 다수의 프로그램에서 UHD 제작이 이루어졌고 2017년 일일 특별 기획 연속극 《별별 며느리》를 통하여 본격적인 스튜디오 제작 형태의 드라마를 제작하였다. 다소 아쉬운 부분은 중반 이후 파업 등으로 인하여 후반부의 마지막까지 UHD 제작을 마무리 하지 못한 점이다.

UHD 제작의 이해를 돕기 위해 MBC UHD 주말 드라마 《부잣집 아들》의 기본적인 조명의 제작 과정을 정리해 보았다. 그중 드라마 시작 전의 준비 단계부터 여러 번의 회의를 통하여 진행된 과정과 세트와 조명을 설치 하는 과정에 대해 날짜별로 정리해 보았고, 제작 과정에서 느낀 점도 간단 하게 기술해 보았다.

특히, 일일극 《별별 며느리》와 주말 특별 기획 드라마 《돈꽃》의 제작 과 정과 영상 모니터링하기, 해당 조명 감독을 만나 4K 카메라에 대한 특성 파악하기, 연출자와 영상에 대한 기본적인 의견 교환하기 등을 통해 조명 에 대한 설계를 제시하였다.

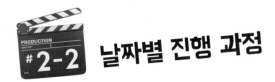

날짜별 진행 과정

MBC 주말 드라마 《부잣집 아들》
제작 관련 회의를 날짜별로 소개하고자 한다.

🎥 2018년 1월 19일(금)

- 일시: 2018년 1월 19일(금) 상암 5층 드라마국 회의실
- 참석자: 메인 연출, 카메라 감독, 조명 감독, 미술 디자이너, 세트 디자이너, 조연출 등
- 방송 일시: 2018년 3월 25일(예정)
- 스튜디오 첫 녹화: 2018년 2월 26, 27일 또는 3월 5, 6일 중 결정

회의 주요 내용

- 야외 및 스튜디오에서 100% UHD 카메라로 제작 방송 예정
- 아직 편성에서 정확한 방송 날짜가 나오지 않은 상태
- 첫 방송은 평창 올림픽의 변수로 아직 미정
- 더욱 완벽한 후반 작업을 위하여 스튜디오 녹화를 월요일과 화요일로 변경(기존의 목, 금요일의 스튜디오 녹화는 대본이 늦어지면 후반 작업을 제대로 진행하지 못하는 경우가 발생할 우려가 있기 때문이다.)
- 월요일은 일산 D-2 스튜디오, 화요일은 D-1 스튜디오를 사용하기로 함.
- D-1 스튜디오는 종영 시까지 고정 세트로 진행

- 스튜디오 세트에 대한 미술 디자이너의 설명
- 3개의 스튜디오 세트 시안 중 카메라와 연출 그리고 음향과 조명의 제작 조건에 맞는 세트 디자인을 협의하여 결정함.
- D-1 스튜디오 세트는 고정 세트인 관계로 가급적 사실감에 가까운 완벽한 세트로 제작하기로 함.
- 안정적인 카메라 포커스 운용을 위해 2명의 포커스 플러를 사용하기로 함.
- 카메라 감독은 4명으로 운용하기로 함.
- UHD 제작에 필요한 조명 관련 비용은 제작사가 적극 처리해 주기로 함.

📺 2018년 3월 3일(토)

미술 팀 스태프와 미팅하며, 일반적인 논의 사항은 다음과 같다.

- 세트 디자이너와 기본적인 세트 제작과 진행 사항에 대해 논의
- 소도구 설치 팀장과 일요일 조명 사전 설치에 대한 의견 교환
- 미술 팀과 상호간 업무에 관한 연락과 협조를 하면서 진행하기로 함.

🎞 2018년 3월 4일(일)

조명팀 1차 회의로 주말 드라마《부잣집 아들》조명을 체크한다.

조명 전문 설치 회사의
팀장과 팀원이 드라마의
내용과 조명에 따른 분위기
등에 대해 의견을 교환한다.

▲ 조명 팀 첫 회의 모습

- 일요일 사전 설치는 D2 스튜디오로 정함.
- 일요일 출근은 기본적으로 13시로 정함.
- 월요일은 D2 녹화, D1 보충 세트 설치 작업 예정
- 월요일 출근 시간은 09시로 정함.
- 월, 화 리허설 시간은 10시로 확정함.
- 해당 조명 팀원《부잣집 아들》다음 카페 가입 요청함.

조명 설치 시 조명 관련 준비물과 사용법

- 마당과 골목 주광원은 2kW 또는 3kW에 파라핀 필터를 씌어서 사용함.
- 아침 장면과 낮 장면의 두 가지 주 광원을 설치함.
- 마당에는 스쿠프 라이트나 볼라이트를 사용함.
- 마당의 밤 장면은 1kW에 파라핀을 장착해 사용함.
- 실내의 기본은 반사판과 2kw SPOT을 80% dimming으로 패치
- 1kW SPOT에 #250을 장착해 back key light로 사용함.
- 밤 장면의 필터는 D–CTB를 사용함.
- LED 루머스 스탠드 두 대와 650W 스탠드 두 대를 준비함.

▲ 마당 세트에 설치한 2kW급 볼라이트

- 20W LED와 알라딘 라이트를 준비함.
- 분위기 조명 시 BACK light에 D-CTB와 파라핀을 합성하여 사용함.

조명 첫 설치 과정에 관한 회의

- 연출, 조연출, 진행 팀장, 제작사 프로듀서, 세트 디자이너, 세트 스타일리스트, 세트 팀 현업당 팀장, 소도구 팀장, 조명 감독 등 참석
- D-1 스튜디오 조명 등기구 사전 설치
- 13시 50분 조명 팀 전체 스태프 회의(전반적인 극의 흐름에 대해 논의)
- 14시 10분 조명 등기구 설치 시작
- 조명 전 스태프가 마당과 골목을 중심으로 작업을 시작함.
- 미술 팀 디자이너와 함께 세트에 대한 미진한 부분 논의
- 소도구 팀장과 업무 협의 진행한 관한 설명
- 15시 20분 조명 팀 중간 휴식
- 15시 40분 연출부 전체 세트 점검 확인
- 대략적인 카메라의 각도와 세트의 문제점 등 점검

메인 연출자와 연출 팀과 미술 팀이 상의하고 있는 모습이다.

▲ 녹화 전날 세트 점검을 마치고 세트 현장 회의를 하는 모습

설계된 미술 평면도

- 소도구 위치에 대해 수정 보완 체크
- 6인 병실 세트 방향에 대한 연출자의 보완으로 동선에 대한 체크로 다소 시간이 걸림.
- 세트 디자이너가 생각한 카메라 위치와 연출자가 의도하는 연출의 방향에 대해 체크 한 후, 병원 세트 일부를 부분 수정하고 진행하기로 함.
- 17시 50분 전체적인 세트 점검을 마침.
- 18시부터 조명 포커싱 시작함.
- 우드락 반사판은 100% 신규 우드락을 사용하기로 함.
- 고정 세트에 부착된 모든 전기 장식등은 조명 회로에 패치하기로 함.
- 세트에 설치된 창문은 기본적으로 부직포를 창문에 설치하기로 함.
- 가급적 조명 등기구를 세트 배튼에 설치하지 않기로 함.
- 19시 40분 조명 포커싱을 마침.
- 조명 팀《부잣집 아들》단톡방에 가입함.

설계된 미술 평면도를 중심으로 세트에 대한 전반적인 점검을 한다. 녹화 당일 문제점을 줄이기 위해 녹화 전날의 미술 및 세트에 대한 점검은 매우 중요하다.

🎥 2018년 3월 5일(월)

첫 녹화와 시청률 대박 고사를 지낸다.

- 출근 시간을 08시로 정함.
- 미진한 부분에 세트의 조명 등기구를 설치함.

등기구 설치 시에는 모든 조명팀원이 함께 진행을 하는 편이고 향후 안정화되면 두 개의 팀으로 나누어 설치한다.

▲ 조명 등기구 설치 모습

- 10시 전체 스태프와 프로그램의 안전을 위한 고사를 지냄.

최근에는 돼지 머리 대신 아이패드 '디지털 돼지 머리' 영상을 사용하기도 한다.

▲ 드라마 제작의 안녕과 높은 시청률을 위한 고사 장면

출연진인 정보석, 강남길, 이승연, 김주현, 윤유선, 박순천, 김영옥, 윤철형, 우현 등 연기자와 기본적인 회의를 진행한다.

- 드라마 리허설 시작 시간은 11시로 정함.
- 외부 조명 인원과 작업 시간에 관해 제작사 프로듀서와 회의를 진행함.
- 카메라 조정(카메라 어라인)은 12시로 정함.
- 여자 주인공 연기자(김주현_극 중 영하 역) 피부 톤 정리는 11시로 정함.
- 14시 40분 경 13장면 녹화 시작함.
- 기본 조도 200~300lux로 조정
- 조리개는 4.0으로 조정하고 마스터로 조정
- 밝은 부분을 강조하는 조명 기법 필요함.
- 주변의 창이나 스탠드 조명이 필요함.
- 기본의 HD 조명 기법보다 조명 광량을 많이 줄여서 진행함.
- 전반적으로 다소 어둡게 진행함.
- 마당 장면에 대한 기본 조명 정리가 필요함.
- 골목과 마당의 강한 주광(하이라이트)이 필요함.

▲ 드라마의 첫 드라이 리허설 장면

📺 **2018년 3월 5일(월)**

세트 녹화 이틀째에 해당한다.

- 3월 4일 설치한 조명 등기구를 재조정함.
- 순옥집 마당 밤과 낮의 조명 수정함.

창문에 비추는 빛과
골목의 달 효과를
표현하였다.

▲ 드라마의 마당의 낮 녹화 화면

대문밖 골목의
강한 스포트라이트로
주광원을
표현하였다.

▲ 골목의 밤 녹화 장면

- 주광원에 대한 조정과 마이크 그림자 처리 문제 해결 방안 논의
- 마이크 오퍼레이터와 함께 마이크 붐을 현장세트에 설치해 마이크 붐 대 그림자 조정
- 세트를 밝히는 조명을 SPOT LIGHT에서 SCOOP LIGHT로 교체하여 설치함.
- 50% 이상 마이크 그림자가 완화되었음.
- 전날보다 조명의 밝기를 30% 이상 상승시켜 녹화
- 영상 제어는 조명의 수정과 포커싱이 완전하게 준비된 후, 조리개 (IRIS)를 고정하고 마스터 볼륨을 조정하는 과정으로 진행함.
- 주요 장면 사진 촬영과 녹화 장면 촬영

스튜디오 제작 시 포커스 플러는 3대 이상의 카메라를 운용하는 관계로 무선으로 별도의 모니터를 설치해 포커스를 조정한다.

▲ 포커스 플러 스튜디오 운용 장면

- 여자 중견 연기자와 조명의 밝기에 대해 의견 교환(감도가 좋은 카메라에 따른 많은 조명과 밝은 조도에 대한 견해차를 극복하기 위함이다.)
- 녹화 종료 후, 카메라 감독과 밝기와 포커스에 대한 의견 교환
- 카메라 감독에 따라 조명의 밝기에 다소 견해 차이가 있음.
- 향후 카메라 감독과 영상 감독의 협의를 통하여 조명의 밝기와 카메라 포커스에 대한 더 합리적인 제작 방법에 대해 의견을 교환하기로 함.
- 포커스 플러는 연기자의 BUST SHOT를 주로 잡는 CAM1과 CAM3를 포커싱함.
- 포커스 플러는 무선 모니터를 통하여 거리를 측정하고 운용을 함.

⚙ 2018년 3월 10일(토)

1차 편집실 체크를 한다.
- 1차 편집실의 의견 교환(메인 편집자와 부편집자 미팅)
- 6일 병실의 화면이 가장 좋았다는 의견
- 메인 편집자에게 영상과 조명에 대한 지속적인 관심과 조언을 부탁함.
- 세트 현업 팀장과 소도구 팀장과 D-2 스튜디오 제작 진행에 대해 통화함.(일요일 오후 조명 사전 설치에 무리가 없다는 내용을 받는다.)

⚙ 2018년 3월 11일(일)

2주차 조명 사전 설치 회의로,《부잣집 아들》스튜디오 조명 팀과 2차 미팅을 한다.
- 일시: 2018년 3얼 11일(일) 13시
- 장소: 일산 드림센터 7층 조명 팀 대기실
- 참석자: 조명 감독, 조명 조감독, 조명 오퍼레이터, 조명 외부 업체 팀장과 팀원

미팅 내용

- 지난 첫 녹화에 대한 소감에 대해 의견 교환
- 월요일 녹화와 화요일 녹화 내용 체크
- 스튜디오의 녹화 분위기 점검(대체적으로 양호)
- 부조정실 녹화 분위기 전달(대체적으로 양호)
- 조명에 대한 연기자의 의견 청취

전달 사항

- 작은방은 세트 중앙에 베이스 라이트 설치하지 않아야 함.
- 루모스 LED 라이트는 연기자와 가까이 접근해 사용함.
- 작은 광에도 카메라의 조정에 원하는 영상이 연출 가능
- 20W 스틱엘이디 라이트와 알라딘 EYE LIGHT는 항상 준비해 두도록 함.
- 연기자 배경의 세트 터치 라이트를 강조하도록 함.
- 창을 통한 낮과 밤의 광원이 세트에 비추는 조명 기법을 구사하도록 함.
- 조명이 필요하다면 중간에 끊어서 재촬영하도록 함.
- D-2 스튜디오의 반사판도 가급적 꺾이는 굴절 프레임과 새 우드락으로 교체함.
- 650W SPOT 스탠드 라이트를 항상 준비해 두도록 함.
- 낮과 밤의 창문의 주 광원 라이트에는 D-CTB와 ND필터를 항상 준비해 두도록 함.
- 라이트를 설치하기 어려운 창은 흰색 부직포로 처리하기로 함.
- 스튜디오에 설치된 흰색 벽체 세트를 모두 스튜디오 밖으로 이관(조명 작업 시 배튼 운용에 불편함이 있다.)
- 16시 연출 팀 스튜디오 방문
- 전반적인 세트에 대한 점검
- 수희 거실은 비교적 세트가 우수한 편으로 정리함.
- 사진 세트를 설치하기 어려운 창문 세트는 흰색 부직포로 마감하기로 함.

#2-3 총정리

스튜디오 제작을 통하여 4K 카메라로 제작한 조명과 영상에 대한 내용을
아래와 같이 정리해 보았다.

4K 카메라로 스튜디오에서 제작되는 초기 단계이기 때문에 조명과 영상
에 대한 정답은 없다고 생각한다.

이번 4K 카메라의 제작기를 통하여 향후 더 완성도 있는 영상을 연출하리
라 생각하고 지금까지 시도하고 정리된 내용을 간단하게 요약해 보았다.

- 조명의 밝기는 HD 카메라로 제작 시보다 30% 이상 어둡게 설계해도 제작이 가
  능하다.
- 기본적인 조도는 150LUX~300LUX 사이로 조정한다.
- 기본적인 조명기법은 우드락 반사판 조명과 650W SPOT에 LEE# 129의 확산
  필터를 장착해 포커싱한다.
- 인물의 주 광원은 평판 LED 라이트를 사용한다.
- 인물의 배경이 되는 세트에 650W 스포트라이트로 터치 라이트를 사용한다.
- 밤과 낮 장면 시 강한 주 광원으로 배경을 강조시킨다.
- 실내 세트의 경우에는 액자에 YELLOW 필터를 장착해 TOUCH LIGHT를 기본
  적으로 사용한다.
- 밤 장면의 달빛 효과는 D-CTB의 필터를 사용한다.

3. SONY PMW-F55를 이용한 《돈꽃》 스튜디오 촬영 후기

MBC 영상 감독 이지원

2017년 5월. MBC는 일산 드림센터 내 D1 부조정실을 UHD로 전환한 후, 일일 특별기획 《별별 며느리》를 필두로 본격적인 UHD 드라마의 스튜디오 제작에 들어갔다. 하지만 UHD의 경우 후반 작업의 특성상 사전 제작이 요구되고, 최종 마스터링을 NLE로 해야 하는 등 제약이 있어, 모든 드라마에 적용하기는 어려웠다. 여기서는 처음부터 끝까지 SONY PMW-F55 4K 카메라를 이용해 HD로 제작한 주말 특별 기획 《돈꽃》의 촬영 후기를 간단히 소개하고자 한다.

※이 글은 2018년 4월, 방송 기술 월간지 『방송과 기술』에 기고된 글을 필자와 '방송과 기술' 쪽의 허락을 받고 원문을 벗어나지 않는 한도 내에서 정리해 게재한다.

스튜디오 촬영 시스템

스튜디오에서 촬영하는 드라마의 경우에는 하루에 찍어야 하는 장면이 많고
한 카메라로 다양한 앵글을 주어진 콘티에 맞추어 잡아야 하기 때문에
카메라 감독이 포커싱을 얼마나 빨리 정확하게 하느냐가 매우 중요하다.

🎥 4K 카메라 스튜디오 설치

연출자와 카메라 감독을 만나면 늘 듣는 이야기가 야외 촬영처럼 인물의 뒷배경이 아웃 포커싱(배경 흐림 기법)이 되었으면 좋겠다는 것이었다. 2004년에 도입되어 10년 넘게 사용한 구형 카메라와 B4 type 렌즈로는 도저히 불가능한 일이었기 때문이다.

그래도 주어진 환경에서 카메라의 심도를 얕게 만들기 위해 조명을 약하게 주거나, 조명이 강한 경우에는 카메라의 Master Gain을 3dB 내린 후 IRIS를 최대한 개방하여 심도를 얕게 만들려고 노력하였다. 하지만 4K 카메라와 PL type 렌즈를 사용하는 야외 촬영분의 얕은 심도를 따라가기에는 늘 역부족이었다.

그러던 중 UHD 방송 시작에 맞추어 D-1 스튜디오의 UHD 전환이 이뤄졌고 드디어 야외와 비슷한 환경에서 촬영할 수 있는 여건이 갖추어졌다.

📺 4k 카메라 스튜디오 제작 시스템의 과제

사실 카메라와 시스템을 UHD로 바꾸기만 하면 우리가 원하는 그림을 손쉽게 얻을 수 있을 거라 생각했었다.

하지만 막상 촬영을 시작하니 새로운 문제점에 봉착하였다. 그것은 바로 얕은 심도에서 오는 포커싱의 어려움이었다.

스튜디오에서 촬영하는 드라마의 경우 하루에 찍어야 하는 장면이 많고 한 카메라로 다양한 앵글을 주어진 콘티에 맞추어 잡아야 하기 때문에 포커싱을 얼마나 빨리 정확하게 하느냐가 중요하다.

하지만 얕은 심도 때문에 인물이 약간만 움직여도 초점이 나가서 카메라 감독님들이 초점을 잡는 데 어려움이 있어,《돈꽃》은 포커스 플러를 활용하여 촬영하였다.

◉《돈꽃》스튜디오 촬영 시스템 구성

먼저 시스템 구성을 살펴보면 다음과 같다.

- SONY PMW-F55 UHD 카메라 4대를 이용하여 HD로 녹화
- HEAD 3840×2160 59.94p UHD로 세팅, CCU 1920×1080 29.97p HD 출력을 레코딩
- gamma curve: USER gamma, 영상 포맷: 1920×1080 29.97p
- HD eXerver 레코딩(코덱: Dn×220X) 후 미디어 스테이션 전송

인간 시각은 카메라의 dynamic range보다 훨씬 높은 명암 차이를 감지할 수 있으며, 색상이나 해상도 차이에 비해 명암의 차이에 민감하다.

▲ 부조정실에서 영상 엔지니어가 4k 카메라 IRIS(카메라 조리개)를 운용하는 모습

✺ 《돈꽃》 스튜디오 촬영 카메라 세팅

gamma curve는 브라운관의 출력이 비선형인 특성을 가지고 있기 때문에 그것을 보정하기 위해 카메라의 선형 입력을 비선형으로 만들어주기 위한 것이나, 실제 목적은 인간 시각의 비선형성에 맞추어 정보를 부호화하는 것이다. 인간 시각은 카메라의 dynamic range보다 훨씬 높은 명암 차이를 감지할 수 있으며, 색상이나 해상도 차이에 비해 명암의 차이에 민감하다.

디스플레이 장치의 발전에 따라서 dynamic range를 더욱 잘 표현하기 위해서는 기존의 영상 시스템의 활용성을 높이면서 시각에 민감한 부분의 데이터를 보다 효율적으로 압축하여 전달하기 위한 방향으로 gamma encoding 방식이 개발되고 있다.

기존의 HD 방송은 아날로그 방송과 병행할 때 브라운관의 2.4 gamma에 맞추었던 것이 그대로 적용하여 대부분 2.4 gamma curve를 사용한다.

최근 들어 연출자가 영화와 같은 독특한 look을 요구하거나 DI 작업 시 편리함 때문에 기존의 2.4 gamma curve 대신 log gamma를 적용하는 경우가 많아졌다. log gamma는 정해진 용량 안에 효율적으로 데이터를 저장하기 위한 gamma encoding 방식으로, 《돈꽃》 야외 촬영분은 S-log3를 적용하여 촬영하였다.

촬영 초기에 스튜디오 촬영분도 야외와 같은 S-log3를 적용하여 촬영하는 것을 검토하였으나, HD 출력에는 S-log3가 적용되지 않아 야외와 비슷한 look을 낼 수 있는 user gamma curve를 적용하여 촬영하였다.

📽 스튜디오 촬영 영상

《돈꽃》 드라마에서 돋보인 촬영 기법 몇 가지를 소개하고자 한다.

'말란방' 저녁 장면

세트에 부착된 전식등과 스탠드등을 조명의 광원으로 사용하였다.

'무심재 부엌' 낮 장면

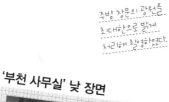

주방 창문의 광원을 최대한으로 밝게 처리하며 촬영하였다.

'부천 사무실' 낮 장면

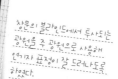

창문의 블라인드에서 투사되는 광원을 주 광원으로 사용해 연기자 표정이 잘 드러나도록 하였다.

'필주방' 저녁 장면

배경인 창문에 비치는 달빛과 전기 스탠드를 주 광원으로 처리하였다.

📺 맺음말

《돈꽃》은 처음 UHD로 제작하였던 밝은 분위기의 《별별 며느리》와 달리 어두운 분위기의 드라마라, 초반에 영상의 톤(LOOK)을 잡는 데 어려움이 있었다. 지속적인 모니터링과 조명 감독과의 충분한 의견 교환을 통해 촬영 후반에는 원하는 톤을 얻을 수 있었고, 이를 통해 4K 카메라를 이용하여 HD로 촬영하는 노하우를 터득할 수 있었다.

4K 카메라를 이용하여 HD로 녹화할 경우에는 CCU에서 자체적으로 detail enhancing이 일어나는데, 이를 카메라 detail 항목을 조정하여 전자적으로 보상하였으나 그것만으로는 부족한 면이 있어 차기 드라마 제작 촬영 시에는 카메라 특수 필터를 도입할 예정이다.

한편, log gamma를 적용할 경우에는 black level이 올라가고 chroma가 많이 빠지는데, 이를 페인팅으로 보상해 주었다. 또한 카메라 쪽으로 강한 빛이 들어올 경우에는 flare level이 내려가는 현상이 기존의 HD 카메라에 비해 심하게 발생하여 카메라 워킹이나 조명 세팅에 제약이 있었다.

뿐만 아니라 카메라 감도가 좋아져 전식이 밝으면, 이로 인해 세트가 같이 밝아져서 원하는 그림을 얻지 못하는 경우가 종종 발생하였다. 이럴 경우에는 전체적으로 세트, 인물, 전식 조명을 약하게 주고, 카메라 Master Gain을 올려서 사용하는 것이 야외 촬영분과의 차이를 줄여 주는 방법이라고 생각한다.

반면에, 연출자와 연기자들 사이에서 야외 촬영분과 차이가 거의 없어서 모든 장면을 야외에서 찍은 줄 알았다는 얘기를 들으면, 촬영하면서 밤을 숱하게 샜던 날들이 의미가 없지는 않구나 하는 생각이 든다.

끝으로 조리개(IRIS)를 100% 개방하는 경우에는 포커스 잡기가 힘들었을 텐데도 묵묵히 좋은 앵글을 잡아 주신 카메라 감독님들과 저의 애로사항을 잘 들어 주신 조명 감독님께 감사드린다. 앞으로도 다양한 시도를 통해 더 좋은 스튜디오 영상을 만들기 위해 노력할 것이다.

4. 《돈꽃》 조명 제작 후기

MBC 조명 감독 나재희

드라마 조명은 드라마의 성격과 내용 그리고 방송 시간대에 따라 분위기가 달라지고 드라마를 해석하는 조명 감독에 따라 색다른 영상이 연출되기도 한다.

※이 글은 2018년 4월, 방송 기술 월간지 『방송과 기술』에 기고된 글을 필자와 '방송과 기술' 쪽의 허락을 받고 원문을 벗어나지 않는 한도 내에서 정리해 게재한다.

최근 요구되어지는 드라마 조명 환경

최근 드라마 제작에 영화의 고품질의 영상미를 바탕으로 한
제작 기법이 증가하고 있으며, 조명에 대한 새로운 제작 기법이 요구되고 있다.

🎥 한국 드라마 조명의 현주소

조명 측면에서 살펴보면, 지상파 드라마의 스튜디오 제작 방식에는 한국
에서만 있는 유일한 시스템이 있다. 외국에서는 로케이션(야외 촬영)과 스
튜디오의 조명 담당은 한 명이 모두 맡고 있지만, 한국에서는 로케이션과
스튜디오 담당 조명 감독이 서로 다르다. 따라서 로케이션과 스튜디오 조
명 느낌이 같으면 이상한 일이다.

하지만 드라마를 시청하는 시청자 입장에서 생각해 보면 이와 같은 제작
방법은 개선되어야 하는 과제 중의 하나이다.

이런 상황이 될 수밖에 없는 이유는 제작 시간의 부족과 한정된 제작 예
산 때문이다. 그리고 스튜디오에서 풀 shot과 타이트 shot을 동시에 녹화
해야 하는 주말극이나 연속극의 경우에는 3~5대의 카메라들을 만족시키기
어려운 조명 환경 때문에 섬세하게 표현하는 부분에서는 로케이션을 따라
가기 어려운 것은 사실이다.

📺 영상과 조명의 고급화 추구

이런 제작 환경의 어려움에도 불구하고 같은 시간에 많게는 3~4편의 드라마가 방송되고 있는 것이 현실이다. 한마디로 시청률 전쟁이며 그 전쟁터에서 살아남는 드라마가 시청률, 화제성, 광고 등을 다 갖는 승자독식 (Winner takes all) 하는 현실이다.

그래서 tvN, JTBC, OCN과 같은 채널에서는 유명 작가와 PD, 그리고 스타 연기자로 높은 시청률과 화제성을 갈아치우고 있으며, 숙련된 영화 스태프들을 앞세워 고품질의 영상미로 시청자를 매료시키고 있다.

또한 종편(종합편성채널)에서 방영하는 드라마는 영화 같다는 말을 시청자들이 많이 하고 있다. 이러한 변화에 대해 지상파 방송사는 UHD 카메라와 LED 조명 등 새로운 장비의 도입과 새로운 제작 시스템으로 완성도를 높여 가고 있다.

좌우에서 약하게
베이스 라이트를
보조광으로 사용하고
있다.

▲ 테이블에 조명을 반사시켜 인물에 조명을 비추는 장면

《돈꽃》 조명 기획

《돈꽃》 조명은 기본의 조명 기법을 달리해 반사판이나 창문을 통해서
투사되는 간접 광원을 이용해 제작하였다.

🎥 드라마 내용에 따른 조명 기법

《돈꽃》 드라마는 돈을 지배하고 있다는 착각에 살지만 실은 돈에 먹혀버
린 사람들의 이야기를 담은 작품으로, 재벌의 어두운 모습과 음모, 불륜, 정
경 유착 등 다소 자극적일 수 있는 소재를 다루고 있다.

이런 드라마에는 High Key(밝은 조명)보다는 그림자가 있고, 콘트라스
트가 있지만, 아이라이트가 잘 드러나도록 하는 Low Key(어두운 조명)가
어울린다고 생각하였다. 그래서 아이라이트를 최대한 사용하여 표정 연기
가 잘 드러나도록 노력하였다.

📺 조명 기법에 대한 연출자와 협의

PD가 선호하는 조명의 방향도 분명하였다. 일반적으로 지상파 연속극의
조명은 우리나라처럼 밝은 거실에서 TV 시청을 하는 경우가 많아, 시청자
들이 편히 볼 수 있도록 풀 shot과 타이트 shot 모두 화면에 어두운 부분
이 없도록 하는 것이 일반적이다. 하지만 《돈꽃》 PD는 시청자들이 다소 불
편할 수 있지만, 드라마에 몰입할 수 있도록 자연스럽고 사실적인 표현을
위해 세트에 가는 조명을 최소화하도록 하였다.

이와 같은 조명을 위해서는 녹화 시간이 늦어지더라도 TAKE(한 신에 카메라 위치와 앵글을 바꾸는 행위)수를 늘려야 했으며 연기자들이 같은 장면을 반복해서 연기할 수밖에 없었다.

그렇다면, 자연스럽고 사실적인 조명은 어떤 빛의 느낌인가? 부드러우며 사실주의 표현에 있어 핵심적인 빛의 질감이다. 실제 주위를 둘러보면 자연광인 태양광만이 Hard edge(음영의 경계)를 만들어내고 대부분 현대 건물의 실내 광원들은 형광등이나 반사 조명으로 Soft edge를 만들어내는 부드러운 빛이다.

부드러운 빛을 만들어 내기 위해서 주로 우드락 반사판, LED 장비, 빛 차단 고보 등의 로케이션에 주로 사용하던 조명 장비를 스튜디오에 적용하되, 시청자들이 인위적인 조명의 실체를 알아채지 못하도록 조심스럽게 접근하였다. 여기에서 핵심은 피사체(연기자)가 바라봤을 때 광원이 커야 한다. 그러기 위해서는 조명 장비의 광원 면적이 넓어야 하며, 더욱더 중요한 것은 조명 장비가 피사체에 가까이 다가가야 한다는 것이다. 그래야만 부드러운 빛의 질감이 효과적으로 나타난다.

왼쪽의 전기 장식
스탠드 광원이나
중앙의 스탠드
광원을 사용해
인물을 비추고 있는
장면이다.

▲ 스탠드 광원을 사용하여 인물에 조명을 비추는 장면

#4-3 《돈꽃》 제작 환경

영상엔지니어와 4K 카메라에 대한 이해와 조명의 밝기 및 영상에 대한
충분한 협의를 통하여 조리개(IRIS) 개방에 대한 표준을 정했다.

🎥 카메라 및 영상 시스템

SONY PMW-F55 UHD 카메라 4대를 사용하여 3840 ×2160 59.94p
UHD로 촬영하고, CCU 1920×1080 29.97p HD 출력을 녹화하였다.
Gamma curve 경우에는 로케이션은 S-log3로, 스튜디오는 S-log3와 똑
같은 USER gamma를 만들어 로케이션과 스튜디오의 영상 차이를 최소화
하였다.

녹화 방식은 HD eXerver 장비에서 레코딩(코덱: Dn×220X) 후 미디어
스테이션 전송 및 편집을 하였다. 이런 카메라 시스템에서 평균 인물 조도
는 50-100lux만으로도 원하는 영상을 충분히 얻을 수 있어, 어려움 없이
녹화를 진행할 수 있었다.

분위기 장면에서는 조도를
100LUX 미만으로 설계하여
조리개(IRIS)를 완전히 개방하고
카메라 게인등을 조정해 영상을
제어하였다.

▲ 스탠드 광원을 사용하여 인물에 조명을 비추는 장면

기존 HD 스튜디오

스탠다드 카메라 3대와 EFP 카메라1~2대를 사용해 제작하는 방식을 말한다. 컬러방송 이후 지금까지 제작하고 방식이며, 제작 시 연기자의 호흡이나 감정의 흐름을 자연스럽게 연결하는 특징이 있다.

3대 이상의 카메라에 대한 영상을 동시에 충족시켜야 하므로 야외 조명보다 다소 밝은 조명을 설계하는 편이다. 연출자는 연기자에게 연기에 대한 주문을 부조정실에서 진행 감독이나 조연출을 통해 간접으로 전달한다.

UHD 스튜디오

기존의 HD 방식에서 더 나은 영상을 위하여 현장에서 연출자와 카메라 감독 및 조명감독이 협의하여 카메라 리허설 후 제작하는 방식을 말한다.

기본적인 조명 기구의 설치 이외에 연출에 따라 조명 스탠드나 반사판을 수시로 이동하여 제작한다.

연출자가 스튜디오에서 연기자에게 연기에 대한 설명을 바로 하기 때문에 연출자가 원하는 연기를 연출할 수 있다.

야외 제작(로케이션)

드라마 야외 촬영이 시작된 이래 지금까지 기본적으로 제작하고 있는 야외 촬영 방법이다. 한 대 또는 두 대의 ENG 카메라를 사용하여 2~3번의 반복적인 연기를 통하여 원하는 장면을 제작하는 방식이다.

take

카메라를 한 번에 작동시키거나 하나의 shot을 촬영하는 것을 말한다.

📺 제작 순서

다음 표를 통해, 기존 스튜디오와 UHD 스튜디오, 야외 제작의 제작 순서를 비교해 보자.

	기존 HD 스튜디오 (123 제작 카메라 시스템)	UHD 스튜디오 (《돈꽃》 제작 시스템)	야외 제작 (로케이션 시스템)
	조명 설치(多), 조명 포커스, 약 4시간 이상	조명 설치(中), 조명 포커스, 약 3시간	조명 설치(少), 조명 포커스, 1시간 미만
리허설	• 당일 녹화 장면 전체 진행 • 연기자 대본 리딩과 진행이미 대본에 나온 카메라shot으로 진행 • Take 장면은 경우에 따라 부분 진행 거의 없음. • PD와 스텝들의 소통은 드라이 리허설 시 진행	• 당일 녹화 장면 전체 진행 • 대본에 카메라 shot이 정해져 있지만, 현장에서 추가되거나 카메라 감독의 의견을 수렴해 바뀌는 경우가 많음. • 대부분 장면 Take 있음. • Take에 따라 카메라 shot 결정 → 조명 비 및 위치 결정 • PD와 스태프뿐만 아니라 연기자와도 소통 많음.	촬영 전 매 장면마다 개별 리허설을 통해 진행
리허설 직후	드라이 리허설 직후 미진한 부분을 수정함.	추가 조명 장비 설치 및 위치 변경 과정이 많음.	
한 장면 녹화 과정	Take가 없는 장면은 중단 없이 한 장면 연속해서 녹화를 하는 편이고, 부분적인 추가 장면 보충 촬영	• 예정된 Take대로 카메라 설치와 동시에 예정된 조명 장비 설치 • 영상 감독과 협의하여 조명 조절 • Take별 반복 후 한 장면 녹화 끝	• Take 결정(PD와 협의) • 카메라 설치와 동시에 조명 장비 설치 • 카메라 감독과 협의하여 조명 조절 • Take별 반복 후 한 장면 녹화 끝
	조명 설치(多), 조명 포커스, 약 4시간 이상	조명 설치(中), 조명 포커스, 약 3시간	조명 설치(少), 조명 포커스, 1시간 미만
종합 의견	짧은 시간 안에 많은 분량의 장면을 녹화할 수 있음.	• 123 카메라 시스템과 로케이션 시스템의 장점을 살린 하이브리드 시스템 활용 • 좋은 영상을 얻으면서도 녹화 시간을 단축시킬 수 있음.	오랜 시간이 걸리지만, 최대한 좋은 품질의 조명 및 영상을 만들 수 있음.

《돈꽃》 스튜디오 제작 현장

부드러운 조명을 연출하기 위하여 스튜디오의 조명 팀이
반사판과 모노포드에 LED 등기구를 연결하여 자연스럽고 부드러운 광원을 연출하였다.

🎥 부드러운 조명 질감

한 장면을 끊김 없이 녹화할 때에는 풀 shot과 타이트 shot 모두를 만족
시켜야 하므로, 조명 스태프가 아래 사진과 같이 직접 조명 장비를 움직이
는 것이 절대적으로 필요하다.

일명 모노포드(Mono pod)라고 불리는 붐대에 LED 장비를 연결해 풀
shot에서는 올렸다가 타이트한 shot에서는 내려서 연기자와의 거리를 최
대한 좁히도록 한다. 이는 부드러운 조명 질감을 얻고 사실적인 조명을 이
루어내기 위해서이다.

📷 타이트 shot에서의 부드러운 조명

타이트 shot에서 부드러운 조명 질감을 극대화하기 위해서 우드락 반사
판을 주로 이용했으며(오른쪽 사진 참조), 할로겐 1kW 장비 또는 8W LED
장비를 주로 사용하였다.

드라마의 내용이나 카메라의 위치에 따라 반사판의 각도를 조절해 제작하는 모습이다.

주광원의 위치에 따라 반사판의 각도를 달리한 모습이다.

▲ 우드락 반사판을 사용하는 모습

🎞 창문의 빛 조절

창문의 빛을 직접 투사하지 않고 반사를 이용해 부드럽게 인물에 드리우도록 하였다.

풀 shot에서는 커튼이 닫혀 있고, 타이트 shot에서는 창문을 열고 카메라를 설치하였다. 빛의 연결을 위해 이런 방식을 이용하였다.

▲ 창문의 빛을 조절하여 촬영하는 모습

☒ 현장에서의 촬영과 방송되는 장면

다음 사진을 통해 현장에서 촬영한 장면이 방송될 때 어떻게 보이는지 구분해 보자.

한 사람의 표정과 감정 표현에 집중되는 경우

전등갓에는 필라멘트 전구가 아니라 LED 장비가 숨어져 있다. 세트보다는 인물 쪽으로 가는 빛을 강하게 만들어 풀 shot에서의 콘트라스트를 주기 위해서이다.

현장	방송
 ▲ 전등갓 안에 LED 라이트를 숨긴 모습	 ▲ 전등갓 안의 조명으로 연기자를 비춘 실제 모습
 ▲ 전등갓등과 반사판을 합성한 모습	▲ 전등갓등과 반사판을 합성한 실제 방송 모습

콘트라스트는 물체를 다른 물체와 배경과 구별할 수 있게 만들어 주는 시각적인 특성의 차이를 말합니다.

🎥 《돈꽃》 조명 결론

《돈꽃》 종영 후에 연기자 및 스태프들 모두 포상 휴가로 제주도로 떠나 극본을 쓴 이명희 작가와 많은 얘기를 나누었다. 일반적으로 작가들은 대본을 쓸 때 스튜디오 분량을 축소하려고 노력한다고 한다. 로케이션보다 영상의 완성도가 떨어진다는 이유에서이다.

하지만 이번 드라마는 스튜디오 완성도에 만족하며 거부감 없이 스토리를 썼다고 한다. 이런 완성도에서는 조명 팀만이 잘해서가 결코 아니며 연출, 카메라 감독, 영상 감독, 연기자들과의 커뮤니케이션과 호흡이 무척 중요하다는 것을 《돈꽃》을 통해 더욱더 실감하게 되었다.

《돈꽃》에 관한 기사를 보면 공통된 부분이 많다. 막장 요소(출생 비밀, 불륜, 복수)가 있음에도 탄탄한 스토리와 배우들의 호연, 그리고 고급스러운 연출과 편집으로 '웰메이드' 드라마가 탄생되었다고 한다.

조명 감독으로서 '막장 요소'라는 의미에 몰입이 안 되는 조명도 감히 포함하고 싶고, '웰메이드'라는 의미에 좋은 조명도 감히 포함하고 싶다.

최근 몇 년간 많은 악조건을 갖춘 카메라 1, 2, 3 시스템의 스튜디오 녹화이지만, 좋은 조명이 많아져서 로케이션과 화면을 번갈아 편집하더라도 어색함이 많이 사라지고 있으며 그 경계선도 많이 없어지고 있다.

그러므로 시간과 예산의 경제성을 갖춘 《돈꽃》 하이브리드 시스템이 앞으로 4K, 8K 카메라를 사용될 모든 지상파 드라마 제작에 보편화할 것이라고 믿어 의심치 않는다.

UHD 제작 과정의 내용 중 3, 4단원의 《돈꽃》에 관련된 내용은 2018년 4월 『방송과 기술』에 게재된 내용으로, 방송과 기술의 관계자와 이지원, 나재희 감독의 승낙을 받고 원고를 수정 보완한 내용이다. 『방송과 기술』 두 감독님께 깊은 감사를 드립니다.

MBC 창사54주년 특별기획

기   획 : 이창섭
원   작 : 손기원
기획극연 극 본 : 김이영 최정규
제 작 본 출 : 김상호 최정규

華

MBC 김종학프로덕션
KIMJONGHAK PRODUCTION

MBC 아침드라마
어저깨

MBC C&I

기   획 : 김승모
기   서 : 유현종
프로듀서 : 원영옥
극 본 출 : 박재범
        장준호
조 연 출 : 김상우
        우지은
        곽승열

기획/제작 MBC

시놉시스란 드라마의 줄거리를 적어놓은 것으로, 4부에서는 MBC 드라마 '최고의 연인'과 사극 '화정'을 시놉시스의 예로 소개하고자 한다.

IV

드라마 시놉시스의 예

일일극
최고의 연인

작 품 개 요

- **제목** : [가제] A: 최고의 연인   B: 최고다 보배네
- **형식** : 40분물 주 5회 일일 연속극
- **극본** : 서현주
- **연출** : 최창욱
- **콘셉트** : *엄마와 딸이 얽힌 연애 분투기!

  그리고 가장 가까운 사이인 자매끼리의 애증의 쌍곡선!

  이 세 모녀의 연애와 사랑, 결혼에 얽힌 이야기를 통하여

  이 시대의 싱글녀, 이혼녀, 재혼녀의 고민과 갈등, 사랑과 가족애를

  노래하는 드라마

  *조발성 알츠하이머병에 걸린 언니로 말마암아 재혼한 가족들이 똘똘 뭉쳐
  불행을 딛고 일어서는 가족 힐링 로맨스 드라마!

★ 가족 힐링 로맨스 드라마

복잡하고 골치가 아픈 아귀다툼 속에서
잠시라도 편하게 힐링하고 싶다.
요즘 현대인들이 가장
많이 하는 생각일지도 모른다.

그 힐링이란…
가족을 떠나서 나 혼자만의 시간을 보내며
편안한 안식을 얻는 소망일 수도 있겠지만
그것은 잠시일 뿐,
결국 우리는 가족 안에서 진정한 힐링을 맛보게 된다.
따스한 가족애가 내 마음을 어루만져 줄 때…
진정으로 행복감을 느낄 수 있는 것은 아닐지.

이 드라마는
엄마의 재혼으로 사랑하는 남자가 졸지에 오빠가 되어
한 집에서 남매로 살아야 하는 슬픈 현실 속에서
그토록 잘나고 똑똑해서 집안의 자랑거리였던 언니까지
30대의 젊은 나이에 조발성 알츠하이머병을 앓게 되면서
가족의 희생과 사랑 그리고 책임과 의무에 대해 다시 생각하게 된다.
진정으로 나만 가장의 짐을 짊어졌던 것 같고, 나만 희생한 것 같았던
엄마와 딸이 그들에게 들이 닥친 고난의 높은 파도를 뚫고
서로의 마음을 들여다 보게 되면서 서로의 상처를 어루만져 주고
진정으로 이해하며 화해하게 된다.
그리고 진정으로 사랑하게 된다.

★ 행복한 가정을 이룬다는 것

재혼 가정, 입양 가정, 이혼 가정…
이 드라마에서 다뤄지는 방법은 다르지만
모두 행복한 가정이 꿈이었던 주인공들과
그 주변 인물들의 이야기를 통해
인생에 있어서 진정한 동반자는 가족이며
가장 소중한 것은 가정이라는 것을 그려보고자 한다.

★ 달달하고 상큼한 연애 이야기

*첫사랑이었지만 엄마의 재혼으로 인해 남매로 엮여버린
아름과 영광의 애틋한 사랑!
조심스럽게 서로의 상처를 보듬으면서 마지막 사랑이라고 여겼지만,
언니의 원수가 된 집안과 또 다른 비밀이 드러나면서 결코
서로가 다가설 수 없게 된 아름과 강호의 안타까운 사랑!
청춘 남녀의 한 치 앞도 알 수 없는 풋풋하지만 치열한 밀당 로맨스!

*과부와 이혼남으로 만나 마지막 사랑을 불태우며 재혼을 한
보배와 규찬의 중년의 로맨스!
하지만 어디선가 갑자기 튀어나온 규찬의 조강지처 피말숙!
규찬을 사이에 두고 보배와 말숙이 한 집에 살면서 생기는
불꽃 튀는 사랑 전쟁!
우당탕탕! 요절복통! 달콤 짭짤한 중년들의 민낯 재혼 로맨스!

*잘 나가는 아나운서이자 라디오 MC인 아정과
남편 병기의 젊은 부부의 사랑!
하지만 뒷통수 치는 배반의 사랑과 반전 로맨스!
이렇게 제각각 여러 다른 세대와 가족의 사랑이 버무려져서
알콩달콩, 달콤 쌉쌀, 울퉁불퉁한 사랑의 모양들을 그려간다.
그래서 서로에게 최고의 연인은
자신을 희생하고 타인을 배려하며 진정으로 서로를 이해할 때
비로소 당신에게, 나에게
최고의 연인이 될 수 있음을 그리고자 한다.

★ 제작 방향

*우리 주변에서 흔히 볼 수 있는 평범한 이웃과 정담을 나누듯
사랑스럽고 유쾌하게 그리되, 다양하고 차별화된 캐릭터와 사연들로
풍성한 스토리와 재미를 줄 것이다.

*삶에 지친 이들에게 위안과 위로를 줄 수 있는 따스한 힐링을 주고…
이 드라마를 보고 있노라면 빙그레 웃음이 나올 수 밖에 없는 마음의 평화
를 줄 것이다. 그렇다고 재미를 결코 포기하지 않게 하며 일일 드라마의 특
성인 긴장감과 아슬아슬함이 있다.
다음 회의 궁금함도 최대한 극대화 시켜서 재미와 감동을 줄 것이다.
따스한 이웃 같은 드라마《최고의 연인》을 보배롭게 그릴 것입니다.

★ 공간 설정

*아름이네 – 서민 빌라의 아래층과 위층에 산다.

한아름(여. 26세) : 최영광과 연애. 〈고흥자 부띠끄〉 인턴

나보배(여. 50대) : 아름의 엄마. 밤 무대 재즈 가수. 최규찬과 연애. 과부

한아정(여. 31세) : 아름의 언니. 시집 갔음. 박병기의 아내. 아나운서

박병기(남. 34세) : 아름의 형부. 이혼 전문 변호사

박새롬(여. 5세) : 아름의 조카. 아정과 병기의 딸

*영광이네 – 마당이 있는 한옥(재혼 가정)

최영광(남. 29세) : 아름의 연인. 가방 사업

최규찬(남. 50대) : 영광의 아빠. 보배의 연인. 비행기 기장. 이혼남

피말숙(여. 50대) : 영광의 엄마. 규찬의 전부인. 보배의 친구. 고흥자의 비서

최규리(여. 45세) : 영광의 고모. 규찬의 여동생. 돌싱녀

장복남(여. 80대) : 영광의 할머니

*강호네 – 재벌집(입양 가정)

백강호(남. 31세) : 아름을 짝사랑. 드림그룹 후계자. 입양아

백만석(남. 50후반) : 강호의 새아버지. 드림그룹 회장. 강미의 친부.
            고흥자와 불륜

구애선(여. 50대) : 강호의 새어머니. 강미의 친모. 만석의 아내

백강미(여. 23세) : 강호의 여동생. 만석과 애선의 친 딸. 박병기와 불륜

이봉길(남. 30세) : 강호의 개인 비서. 최규리와 연애

*김세란네 – 아파트(이혼 가정)

김세란(여. 26세) : 아름의 친구. 고흥자의 딸. 디자이너. 강호의 약혼녀

고흥자(여. 50대) : 세란의 엄마. 〈고흥자 부띠끄〉 브랜드의 소유자이자
            잘 나가는 패션 디자이너

★ 인물 관계도

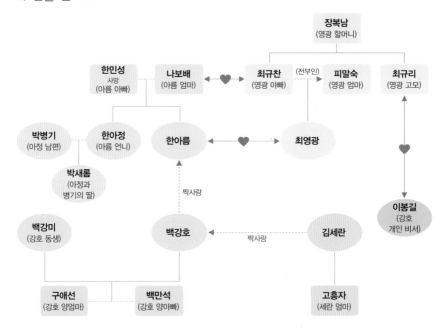

★ 주요 등장인물

▶ 한아름 (여. 26세) 여주인공. 보배의 둘째 딸. 박민경

"엄마! 언니! 사랑해~ 그 누구보다도…"

〈고흥자 부띠끄〉 디자인실의 어시스턴트

털털하고 덜렁대고 순진하고 허당 끼가 있지만

불의에 욱하는 성미가 있는 다혈질 O형이다.

명랑하고 활달하고 태평하고 밝은 성격이며 밟아도, 밟아도

계속해서 솟아오르는 풀뿌리 같이 강하고 질긴 근성의 소유자로

따뜻하고 동정심이 많아 남에게 베풀기를 좋아한다.

매사 허당이고 덜렁대다가도 자기가 좋아하는 일에서 만큼은

똑소리가 나게 집중하는 스타일이다.

공부 잘하고 매사 완벽한 언니와는 정반대의 성격을 가진 아름은…

언니의 그늘에 가려져 빛 한 번 못 보고 현재 〈고홍자 부띠끄〉의 디자이너
로 열정 페이 30만 원을 받고 수습 중이다.
날고 긴다는 대부분의 디자이너들이 외국물을 먹은데 비해 아름은
공모전 입상이 전부이다.
스펙이 달리긴 하지만 뒤늦게 찾은 자신의 꿈을 향해
오늘도 초긍정 마인드로 열심히 달리는 아름!
오늘은 영광 선배와 만난 지 100일째 되는 날.
아름은 바쁜 와중에도 영광과의 기념일을 준비한다.
그리고 영광은 당장은 힘들지만 자리 잡으면 결혼하자며 프러포즈를 한다.
그 시각, 엄마 또한 규찬에게 프러포즈를 받는다.
일찍 남편을 여의고 가장으로 살아왔던 보배는
이제 그만 규찬의 어깨에 기대고 싶다. 여자이고 싶다.
그 마음을 딸들에게 밝히고 딸들은 엄마의 선택을 존중해 준다.
그런데, 이게 무슨 날벼락이란 말인가!
영광의 아빠가 아름의 새아빠가 될 분이라니!

▶ 나보배 (여. 53세) 아름과 아정의 엄마. 하희라
"난 정말 엄마 자격이 없나봐요!"
어떻게 이렇게 딸들의 아픔을 모를 수가 있는지!"
밤무대 무명 재즈 가수. 예명은 〈마돈!나〉
남편을 젊은 나이에 잃고 올망졸망한 딸들을 데리고 나름
열심히 살아온 의지의 한국인 아줌마.
대학 가요제에 입상한 경력이 있어서, 홀몸이 되고부터는
밤무대에서 노래를 불렀고 행사 가수로 뛰며 아이들을 키웠다.
무대에 오르지 않는 날은 그야말로 투잡, 쓰리잡까지 하면서
음식점 주방 설거지에서부터 칠순잔치 노래 자랑까지
폭넓은 잡의 세계를 휩쓸며 돈벌이를 다녔다.

그 결과, 이제는 집칸도 장만했고…

집안의 기둥인 큰 딸을 번듯한 집에 시집보내려면

좀 싸구려에서 벗어나야겠다 싶어서 몸부림친 결과…

재즈 가수의 길로 들어서서 우여곡절 끝에

지금은 〈마돈!나〉라는 예명으로 작은 팬클럽도 거느리고 있는,

아는 사람만 알고(?) 모르는 사람은 전혀 모르는

언더그라운드의 무명 가수가 됐다.

밤에는 신비 전략과 품위를 유지하는

지적이고 고급스런 모습의 재즈 가수이지만

생활 속에 돌아오면 몸뻬 바지에 목소리 크고 억쎈!

나름, 강한 엄마로 변신하는 두 얼굴의 여자이다.

큰 딸 아정은 보배의 분신이고, 자존심이고,

눈물과 고생의 결정체이고, 그녀의 모든 것이다.

그렇게 싹수 보이는 큰 딸을 열심히 뒷바라지한 결과,

아정은 아나운서가 됐고…

변호사와 결혼을 하는 쾌거를 이루게 되며

이만하면 나보배! 인생 잘 살았다고 나름 뿌듯한 자부심을 가졌다.

그런데 열망하던 것이 이루어지면 지루해지듯

점차 삶이 허망해지고

기운을 잃어가던 즈음에

보배에게 새로운 신세계가 펼쳐졌다.

〈마사모〉 - 이름하여 '마돈나를 사랑하는 모임'의 회원인

꽃중년 최규찬이 자신에게 사랑한다라는 사인을 계속해서 보내오고 있는 것을

애써 모른 척 참고 있었는데…

하필 "이젠 정말 행사 뛰는 것은 마지막이다." 라고 생각하며 나간

칠순 잔치에서 최규찬을 딱 마주칠 줄이야.

최규찬의 어머니 장복남 여사의 칠순 잔치였다는 것을
그제야 알게 된 보배는 한마디로 쥐구멍을 찾고 싶었다.
그동안 우아하고 엘레강스의 진면목을 보이면서
뭇 남성들이 감히 접근조차 못하는 아우라를 뽐내던 그녀였는데…
질 떨어지는 빤짝이 의상에 요란한 메이크업에
엉덩이까지 살랑살랑 흔들어대면서 콧소리 담뿍 내어
구성지게 꺾어 내리며 뽕짝 메들리를 불러재꼈으니!
쥐구멍이 어디냐…
얼른 그 자리를 빠져나오려고 하는데
최규찬, 이 남자…
자기 앞을 막아서며 오히려 친숙하고 따스한 미소를 보내오는 것이 아닌가.
에라 모르겠다.
그때부터 마돈나의 가면을 벗어 던지고 나보배로… 규찬을 대하게 되면서
핑크빛으로 확 물들어 버렸다.

▶ 한아정 (여. 31세) 아름의 언니. 보배의 큰 딸. 새롬의 엄마. 박병기의 아내. 조안
"스스로 닦달하며 인생을 숙제처럼 열심히 살아왔어!
"근데 내가 조기 치매라니!"
라디오 음악 프로 DJ.
단아하게 예쁘고 깔끔한 성격으로
언제 어디서나 서열 1위로 살았던 여자.
학교 다닐 때는 공부 1등으로, 집에서는 엄마의 이쁨을 한 몸에 받고
기대에 부응했던 여자.
결혼 후에는 남편의 사랑을 듬뿍 받는 여자.
시험을 볼 때마다 철컥철컥 붙는 행운의 아이콘이자 불패의 신화!
예의범절 철저히 지키고, 모범생에 조용조용하지만 날카롭고
이성적이고 신경이 예민한 스타일에

옷차림도 늘 정장에 그야말로 아나운서 차림이요,

머리도 단정하게 빗어 넘겨서 흘러내린 머리카락 한 올도 없이

성격만큼이나 매사에 빈틈이 없는 여자.

논리적이고 경우가 바르고 똑똑하고 냉정하고 책임감이 강한 여자.

논리적으로 말을 아주 똑 부러지게 따다다 잘 한다 하여 붙여진 별명은

〈딱따구리〉

엄마가 일찍 혼자되어 자기를 키우느라고 고생하는지 너무 잘 안다.

그래서 일찍부터 철이 들었고 많이 기질이 다분하다.

엄마에게 늘 공주 대접을 받으며 1등으로 살아왔지만,

마음속으로는 그 1등을 놓치지 않으려고

고생하는 엄마를 기쁘게 해드리려고 무척이나 노력하며 살아왔다.

마치 호수에 우아한 백조처럼 겉으로는 미소를 지으면서

물속에서는 그 우아함을 유지하기 위하여 발버둥을 치듯 헤엄을 쳤듯이

바로 그녀가 그랬다.

한 번의 흐트러짐 없이 늘 우등생이고 모범생으로 살기가 어디 그리 쉬운가.

자연히 제멋대로이고 긍정 지수와 유쾌 지수가 아주 높은…

언제나 자기 삶을 즐기면서 사는 것으로 보이는

헐렁이 여동생 아름에게 잔소리가 많아질 수밖에 없었다.

늘 자신의 방을 쓰레기통처럼 어질러놓고도

마음 편하게 잘 자는 동생에게 머리가 핑 돌 정도로

신경질이 치솟아서 잔소리와 지적질을 하면

아름이는 길길이 기어오르며 〈언니! 너나 잘하세요!〉 식으로 나오고

그렇게 자매는 열심히도 싸우면서 자라왔다.

대학 동아리에서 사귀게 된 복학생 박병기와 사랑을 하게 되고

장래를 약속하게 됐고

자신은 엄마의 기대에 부응하듯 아나운서가 되었다.

남편은 그녀와 외모적 비주얼도 어울리고

직업도 케미가 맞는 이혼 전문 변호사로

아정에게 예의 있고 배려 있는 구애 끝에

아정의 마음을 사로잡아 결혼에 성공했다.

그리고 결혼을 하자마자 허니문 베이비가 생겨 예쁜 딸도 낳게 됐다.

아정은 그 모범생다운, 맏딸다운 성실성으로 아나운서로,

엄마로 아내로 며느리로 딸로 의무와 책임을 다 하며

어떻게 하든 그 모든 역할을 잘해내려 애를 쓰며 살았다.

아정의 결벽증적인 완벽함은

남편의 아침 식사에서부터도 7첩 반상을 차려내는 것이다.

5대 영양소 고루 갖춰서 남편을 먹이고

남편의 넥타이를 골라 주고 출근 준비를 완벽하게 해 주고는

아이를 깨워서 엄마의 집에 데려다 주고

자신도 완벽한 메이크업으로

라디오 프로를 진행하는 방송국으로 차를 몰고 갔다.

차도 언제나 반들반들 먼지 하나 없이

파리가 낙상할 지경이었고

욕실이나 어디나 머리카락 한 올 없이 청결 그 자체이다.

아정은 그렇게 완벽하게 자신의 일을 하고

자신의 역할을 하며 사는 게 그때는 행복이라고 여겼다.

그런데 어느 날부터인가

자신의 행복이 서서히 무너지는 것을 감지하게 됐다.

그것은 남편에게 여자가 생긴 것 같다는 의심이 들기 시작한 것이다.

유난히 예민하고 촉이 발달되어 있고,

논리성에 강한 여자라서 남편의 말 속에서 앞뒤가 안 맞고

남편이 거짓말을 하는 것을 잡아내게 되고

그렇게도 자신에게 충실했던 남편이

자신에게서 멀어져 간다는 것을 피부로 점점 느껴가면서

아정은 남편에게 혹시 다른 여자가 생긴 건 아닌가?

살짝 의심을 하지만 그럴 리가 없다고 애써 부정을 하고는 했다.

하지만 한 번 든 의심은 걷잡을 수 없이 커져갔고

자꾸만 망상이 이어져갔다.

자신이 이러다가 의부증이라도 걸리는 것이 아닐까

남편의 행적을 체크하고

남편의 사무실에 느닷없이 들이닥치고

마치 거미줄을 쳐놓고 남편이 걸려들기를 바라는 사람처럼

남편을 감시하기에 이르렀다.

그러면서 불면증에 시달리게 되는 아정.

✚ 아름의 남자들
▶ 최영광 (남. 29세) 아름의 연인. 강태오
  "내 사랑 아름이를 지켜주는 것이, 곧 나의 행복이라고 생각합니다!"

성실하고 자상하고 배려심 많고 따스하고 정의감이 살아있으며,

어른들께도 공손하고 모범적인 국민 아들 스타일.

일류 대학교 섬유 공학과 출신으로

나름 자신의 브랜드를 가지고 사업으로 성공하겠다는 포부를 가지고 있다.

독립적이고 책임감이 강해서 자신의 손으로 학비를 벌어서 대학을 다닌다.

그러느라 군대와 휴학 복학을 거듭하면서 졸업 후,

섬유 회사에 입사했지만, 경력 직원으로 회사를 옮기려고 하고 있다.

집에서도 효자 아버지의 대를 잇 듯

영광도 아빠와 할머니, 철부지 고모까지 세세하게 보살피며,

그 특유의 넉살과 웃음으로 가족들을 하나로 잘 묶어준다.

대학 졸업반 때 패션 공모에 우연히 한 팀으로 엮어져서

손발을 맞춰서 공모전에 임하게 됐던

아름이와 인연이 되어 그동안 선후배 관계로

동료 관계로 그러다가 언제부터인가 자연스럽게 썸을 타게 되었다.

이제는 아름과의 미래를 꿈꾸는 관계가 되었지만,
아버지와 아름의 엄마가 재혼을 하는 바람에 자신의 사랑이 좌절된다.
그 후에도 아름에게 늘 키다리 아저씨처럼
지켜주고 도와주는 역할을 하게 된다.
가방 사업을 하던 중에 고흥자 패션에서 나온 아름과 합세하여
〈아정 브랜드〉를 만들어서 처음에는 좌판으로
그 다음에는 작은 사무실에서 인터넷 쇼핑몰에서 판매를…
그러다가 강호의 패션 회사와 합작으로 〈아정 브랜드〉가 인기가 치솟고
다시 독립하게 된 아정과 영광은
〈고흥자 부띠끄〉와 정면 대결에서 승리하고,
중국 시장에 대대적인 판매로 억대 부자가 되며 승승장구하게 되는
청년 실업의 타개책인 자기 사업의 좋은 모델이 되는 케이스를 보여준다.
아름에게는 영원한 키다리 아저씨이자 오빠로 남게 되는데…

▶ 백강호 (남. 32세) 만석과 애선이가 입양한 아들. 아름을 짝사랑. 곽희성
　"한아름! 그 여자만이 나의 안식처가 되었어요!"

드림식품의 상무. 드림 패션의 본부장.
아침햇살 앞에서 엣지 있게 와이셔츠 칼라를 세우고,
넥타이를 맵시 있게 매고는, 슈트의 매무새를 잡는 그!
우월한 기럭지와 비주얼이 거울 속에서 빛이 나는 남자, 백강호.
지독한 워커홀릭으로 일을 할 때는 모서리처럼 날카롭고 정확하다.
하지만 언뜻언뜻 비치는 모성애를 자극 시키는 음울한 눈빛과
깊이를 알 수 없는 상처를 입은 듯 한 표정 때문에
묘한 호기심을 자극 시키는 뇌섹남.
드림 그룹의 장남이자, 사업가라서
언제나 행동이나 말 전달에 주의하면서,

긴장감을 속옷처럼 입고 다닌다.

웃지만 비즈니스용 미소이고, 배려와 예의가 갖춰졌지만,

모두 계산적인 계획 속에 강도를 정해서 허리를 굽힌다.

강호가 이렇게 전형적이고 딱딱한 틀 속에 살 수밖에 없는 것은,

그가 드림 그룹의 백만석 회장 친 아들이 아니기 때문이다.

강호는 자신이 드림 그룹의 백만석 회장과 구애선 여사의 맏아들이며,

전망 밝은 백만석 회장의 후계자라는 것을

스스로에게 매일 각인시키듯이 스스로를 채찍질하고,

그에 걸맞는 자신의 자리를 잃지 않기 위해 매일 매일 애를 쓴다.

그만큼 이 남자는 늘 불안하다.

강호는 교통사고를 당한 날, 엄마가 자신을 감싸고 있던 터라,

자신은 하나도 다치지 않았지만 엄마가 죽어가는 모습을 봐야 했다.

엄마의 품에서만 나던 달콤한 냄새가 아닌 그 피의 냄새…

빨간색은 공포를 뜻했고 고통을 뜻했다.

한동안 실어증에 걸리고 악몽에 시달리던 강호는,

이후 친척집을 전전하다 고아원으로까지 내몰렸고

고아원생들에 의해 왕따까지 당하며 몇 달 사이에 많은 일을 겪게 됐다.

아마 그 몇 달이 강호에게는 평생 씻을 수 없는 상처로 남게 될 것이다.

이후, 아버지의 친구였던 백만석에 의해 입양되면서

모든 것이 두려웠던 이 소년에게

여기서 자신이 버려진다면 자신은 끝이다.

라는 절박함이 스며들게 된다.

그런데 난임이었던 구애선은 뒤늦게 딸, 강미를 낳게 되고

자신이 친자식이 아니라 입양아이라는 사실을 너무도 잘 알고 있는 강호는,

백만석과 구애선에게 버림받지 않기 위해서 온 힘을 다해

외줄을 타는 기분으로 긴장감 속에서 살아오게 된다.

하지만 특유의 털털함과 따뜻함으로 자신을 무장 해제시켜버리는

아름을 사랑하게 되면서 차츰 그의 가슴이 말랑말랑하게 변해간다.

자신의 빨간색에 대한 트라우마를 씻을 수 있게 해 준

아름과 결혼을 하기 위하여, 처음으로 아버지에게 반기를 들고 나서고

그토록 움켜쥐려 버둥거렸던 모든 직책과 위치를 내려놓고

아름만을 선택하게 되는데…

그런데 하필 아름이가 나의 원수의 딸이란다.

나의 친부모님을 돌아가시게 만든 가해자가 바로 아름 아빠라는 것이다.

다 내려놓고 아름의 손을 잡으려고 했는데…

자신의 인생 전체를 망가뜨리고 괴로움과

고통 속에서 움츠리게 만든 원인 제공자의 딸이라니!

그는 이 풀 수 없는 숙제 때문에 깊은 갈등에 빠지게 되는데…

✚ 아름의 연적들

▶ 김세란 (여. 26세) 고흥자의 딸. 아름과 고교 동창이자 친구인 강호를 짝사랑.

▶ 김유미

"백강호씨! 당신의 사랑을 얻을 수만 있다면, 난 죽을 수도 있어요!"

〈고흥자 부띠끄〉의 디자이너 겸 패션모델.

쭉쭉 빵빵의 화려한 미모의 요정.

설정된 애교 작렬에 가식적인 귀여움을 떠는 데 익숙한 여자.

자신에게 우호적이면 간이라도 떼어 줄 것처럼 호들갑을 떨고,

자신에게 반기를 드는 사람에게는 매서운 맛을 기필코 보여 주고야 마는

두 얼굴의 살벌한 여자.

초등학교 고학년 때부터 엄마와 사업적으로 알게 된 백만석네 집에

엄마와 함께 드나들면서 백강호와 자연스럽게 오빠 동생 사이가 됐다.

그녀는 고교를 졸업하고 바로 이태리와 미국으로 유학을 했고,

거기서 많은 남자들과 연애를 했지만…

처음으로 백강호를 사랑하게 됐다.

여태껏 많은 남자를 겪었지만,

그 누구도 강호만큼 자신의 마음을 흔들지 못했다.

그래서 강호에게 올인한다.

강호는 여전히 자신을 동생으로 예뻐하고 귀여워하는 것 같고

한 번도 여자로 대하지 않지만 엄마를 졸라

자신은 꼭! 백강호에게 시집을 갈 거라고 입버릇처럼 말하게 되었다.

그 바램이 이루어지듯

백강호도 나름 이유가 있어서 세란과 약혼을 추진하게 되고

무사히 약혼식까지는 올렸다.

하지만 그 다음부터가 문제였다.

야심가 백강호는 자신과 약혼 후 무언가 방황하는 눈빛과 허허로운 눈길을

자기 앞에서 자주 보이기 시작하더니

어느 날부터인가 자신을 피하는 눈치가 강했다.

그러더니 청천벽력처럼 파혼을 선언한다.

사랑하는 다른 여자가 생겼다고.

알고 보니 그 여자가 바로

평소에 자신이 그토록 깔보고 업신여겼던 〈한아름〉이라니!

눈이 뒤집히고 어릴 때 먹던 송편이 튀어나올 지경이다!

그동안 자신의 향단이자 쇼윈도용 친구였던 아름에게 내 남자를 뺏기다니!

절대 가만있을 수 없다며 그동안 천사의 탈을 쓴 가면을 벗어던지고,

강호를 사수하기 위해 애를 쓰는데…

사극
화정

작 품 개 요

- **제목** : 화정(華政)
- **형식** : 70분 연속물 50부작
- **제작** : 김종학 프로덕션
- **극본** : 김이영
- **연출** : 김상호
- **콘셉트** : 혼돈의 조선시대 정치판의 여러 군상들이 지닌 권력에 대한 욕망과 이에 대항하여 개인적인 원한을 딛고 연대하는 광해와 정명의 이야기. 그리고 그런 정명이 인조 정권하에서 권력과 욕망에 맞서 끝까지 투쟁하는 이야기

세상에 알려지지 않은 역사 속의 한 여인이 있다.

정명공주! (貞明公主/1603~1685)

가장 고귀한 신분인 공주로 태어났으나

권력투쟁의 와중에서 죽은 사람으로 위장한 채

삶을 이어나가야만 했던 여인.

어느 순간 조선의 절대 권력,

그 정당성의 상징이 되어 자신을 없애려 했던 오라비 광해군(光海君),

권력욕에 불타는 인조(仁祖) 모두 자신을 찾는 운명에 처한 여인.

복수를 이루고 공주의 신분으로 돌아오지만,

다시금 패도(覇道)한 군주 인조에 맞서

조선의 백성과 왕실을 지켜내고자 했던 여인.

광해의 남자 홍주원, 인조를 따르는 강인우.

결코 양립할 수 없는 두 남자와 가슴 아픈 사랑을 만들어 나간 여인.

이토록 드라마틱한 삶을 살다간 정명공주의 생애에 17세기 조선,

그 격변의 시대를 담아 장엄한 서사로 풀어내고자 한다.

★ 왜 정명공주인가?

17세기 조선은 혼돈의 시대였다.

당시 조선은 명청(明淸) 교체기의 혼란 속에 자주국으로써 그 정체(正體)를 위협받고 있었고, 급기야 정묘·병자호란이라는 시련을 맞게 된다.

뿐인가. 왕조사 또한 격랑에 휩싸여 선조 이후 등극한 광해군은 조선 역사상 최악의 폭군, 혹은 새 시대의 진보적 군주라는 상반된 역사적 평가를 받는 복합적 인물이었다.

이후 인조반정이라는 역사적 사건으로 광해를 몰아내고 왕이 된 인조는 패주(覇主)의 길을 걷다 아들인 소현세자마저 죽음으로 몰아가니, 500년 조선의 역사에 이처럼 드라마틱한 시대는 다시 없었다 해도 과언이 아닐 것이다. 헌데 이처럼 극적인 시대를 다룬 사극이 드물었던 까닭은 무엇일까. 그것은 시대를 관통하는 동시에 카타르시스를 느낄만한 인물을 발굴해 내지 못한 이유였다. 광해군, 인조, 소현세자, 효종, 그 외 시대의 악녀로 평가받는 김개시(광해군 연간)와 소용 조씨(인조 연간) 등이 모두 그러했다.

이들의 생애는 충분히 극적이나 그 말로(末路)가 지나치게 비극적이거나 혹은 후세에 의해 악인으로 평가받아 주인공으로써 흡인력을 갖기에 치명적인 약점을 내포하고 있었던 것이다.

하지만 그 17세기 조선을 가로질러 살아갔던 여인. 정명공주가 있었다.

★ 정명공주는 누구인가?

조선 제 14대 임금이었던 선조(宣祖/1552~1608)의 유일한 적통(嫡統) 공주였던 정명공주! 허나 그녀는 이복 오라비인 광해군의 손에 어린 동생 영창대군을 잃고 어머니 인목대비와 함께 폐서인이 되어 천민 신분으로 추락하는 시련을 겪게 된다.

나아가 자신의 목숨마저 위협당해 죽은 사람으로 위장한 채 숨어 다니며 인고의 세월을 견뎌내야만 했었는데!

훗날 인조반정이 성공하자 복권되어 신분을 되찾는 정명공주!

허나 그 삶에 안주하지 않고 다시금 패주 인조에 끝까지 맞선 여인.

광해와 인조라는 상반된 두 임금 모두와 타협하지 않고 자신의 삶과 자신의 조선을 꾸려나간 그녀는 효종(孝宗) 숙종(肅宗)대에 이르기까지 명실상부한 왕실 최고의 권력자로 우뚝 서게 되는데!!

정명에게 운명은 결코 친절하지 않았다.

오라비는 원수가, 곧이어 왕이 되고, 복수는 신념과 충돌했으며 사랑 역시 그녀에게 선택을 강요했던 것이다.

역사와 운명 안에서 끊임없이 갈등하고 선택해야 했던 공주, 정명의 삶은 오히려 그러하였기에 더 큰 울림을 선사해 준다.

★ 가장 격렬했던 조선의 권력 투쟁사

공주라는 신분을 가진 여인의 고난과 성공이라는 테마는 더 이상 강조할 필요도 없이 강력한 흡인력을 갖춘 플롯이다. 여기에 본 드라마에는 17세기 조선의 다양한 인간 군상들이 포진된다.

강력한 조선을 꿈꾸었으나 끝내 태생의 한계에 부딪힌 불운한 임금 광해!

반정을 통해 그토록 그리던 권좌에 오른 후 패도의 길을 걸었던 야심가 인조!

정인의 원수를 주군으로 모신 비극적 사랑의 주인공 홍주원!

사랑을 위해 가문을 버리고 인조를 택한 남자, 킹메이커 강인우!

제 아비의 손에 죽은 비운의 세자 소현!

형을 지킬 수 없었던, 치열한 권력투쟁 끝에 왕이 된 효종!

뿐인가. 권력투쟁의 한가운데서 인간의 욕망을 적나라하게 보여줄 이이첨과 김자점, 막후에서 조용히 왕실을 흔들었던 상궁 김개시와 희대의 악녀로 평가받는 인조의 후궁 소용 조씨까지!

그 외에 다양한 개성을 가진 시대의 인물들이 권력을 향한 인간의 탐욕과 욕망을 적나라하게 보여 주며, 역사극만이 담보할 수 있는 극적인 재미를 시청자에게 선사할 수 있을 것이다.

★ 어떻게 제작할 것인가

✚새로운 스토리텔링

첫째, 다층적 캐릭터 구성을 통해 새로운 트릭기를 만들어낸다.

주인공 한 명의 성공스토리가 강력한 힘을 발휘하던 시절이 있었다. 하지만 이제 시청자들은 반복되는 이야기 구조에 피로감을 느끼고 있다.

또한, 평면적이고 도식적인 캐릭터에 대해서는 더 이상 큰 매력을 느끼기 힘든 것 역시 사실이다.

본 드라마에서는 이러한 시청 패턴의 변화를 수용하여 주인공인 정명공주 이외 광해군과 인조 등 매력적인 역사적 인물들, 그리고 정명의 사랑인 홍주원과 강인우 등의 가상 인물들을 다층적 주인공으로 운영할 것이다.

물론 그 복잡함을 상쇄하기 위해 스토리의 본류는 정명공주가 중심이 되는 광해 vs 인조로 대변되는 왕실의 권력 투쟁사와 홍주원 vs 강인우로 나타나는 정명의 멜로로 집중시킬 것이며, 이러한 시도는 각각의 인물들에게 고유의 캐릭터와 깊이를 부여하여 이야기를 더 풍성하게 만들어, 시청자들에게는 등장인물 누구의 이야기도 드라마가 되는 새로운 즐거움을 선사할 수 있을 것이다.

둘째, 실존 인물들의 생애에 보다 과감하고 도전적인 상상력을 덧입힌다.

역사 드라마의 지평이 넓어졌다. 정통 사극만이 아니라 퓨전, 멜로, 환타지 사극 등 다양한 시도가 이뤄지고 있으며, 이제 사실을 연대기적으로 나열하는 정통 사극은 낡은 장르로 인식되기까지 한다.

그러나 오직 극적인 재미만을 위해 기록된 사실을 훼손하는 사극은 역사를 기반으로 한 드라마로써 그 정체와 소명을 망각하는 일이 될 것이다.

그러나 한편으로는 동시에 오락물로써 드라마가 가지는 가치와 기능 또한 외면할 수는 없다.

이와 같은 인식을 기반으로 본 드라마는 실존 인물의 행적을 훼손하지 않음을 원칙으로 하되, 기록되지 않은 전반에 관해서는 더욱 과감한 창작을 더해 달라진 시청 경향을 만족시키고자 한다.

셋째, 새로운 형식의 연속물을 추구한다.

기존의 50부작 사극물은 지나치게 긴 호흡으로 인하여 필연적으로 전개가 늘어져 시청자들의 몰입을 방해했다.

본 드라마는 10~14회차를 기본 단위로 총 4막에 걸쳐 새로운 국면의 서사를 펼치며 각 단계별로 다양한 인물이 유입되는 형식을 갖춘다.

이는 더 속도감 있는 극적 전개를 가능하게 해 연속 사극물의 천편일률적 전개 양식에 지친 중장년층에게 새로운 흥미를 유발하는 동시에 시즌제 드라마에 익숙한 10~20대의 시청자들에게 소구력 있는 드라마를 제공하게 될 것이다.

✚ 강력한 판타지의 구축

드라마는 판타지이며, 그것이 결여된 이야기는 시청자들의 흥미를 유발할 수 없다.

이에 더 강력한 판타지를 구축하기 위해 특히 다음과 같은 점에 집필과 제작의 주안점을 둔다.

첫째, 신화 속 영웅들의 이야기와 같은 스토리 구조를 창조한다.

정명공주의 생애를 다룬 본 이야기는 17세기 조선왕조의 왕좌 쟁탈기를 주요 소재로 삼고 있다.

드라마는 그 쟁탈기에 신화적 Aura를 극대화하기 위해 조선시대의 전설적 예언가였던 남사고(南師古. 생몰 미상)를 등장시킨다.

위기에 처한 조선에 '불을 지배하는 자가 진정한 세상의 주인이 된다'는 신탁이 주어진다. 그러나 누가 그 신탁의 주인인지 알 수 없는 상황!

왕좌를 쟁탈하기 위해 나선 이들은 저마다 자신이 그 운명의 주인임을 자처하며 때론 신탁의 의미와 증표를 조작하면서 치열한 권력투쟁과 살육을 벌여나가고 불로 상징되어지는 화약(火藥)을 손에 넣기 위한 사투를 벌이게 된다.

누가 과연 운명의 주인이 될 것인가!

또한 그 운명의 진정한 의미는 무엇인가!

드라마 속 인물들과 이를 쫓아가는 과정은 극의 판타지성을 극대화하는 한편 이야기의 집중도를 높여 시청자들의 높은 흥미를 유발할 충분한 장치가 되어줄 것이다.

둘째, 주인공 정명공주의 사랑을 중심으로 한 멜로 판타지를 구축한다.

공주의 사랑이라는 소재 그 자체만으로도 강력한 멜로 판타지를 제공한다. 본 드라마에서는 사랑과 신념 사이에서 갈등하는 광해군의 남자 홍주원과 정명공주를 지키기 위해 패주 인조와 손을 잡는 강인우, 정명의 호위무사 자명 등의 엇갈린 운명과 선택 속에서 발생하는 사랑 이야기를 들려줄 것이다. 또한 극중 정명공주의 적대세력인 소용 조씨가 보여 주는 홍주원을 향한 멜로는 야심과 연정 사이에서 갈등하는 또 다른 여인의 내면을 그려낸다.

✚ 새로운 볼거리의 제공

위와 같은 스토리는 다음과 같은 새로운 영상 속에 구현되어진다.

첫째, 드라마 초반의 공간적 무대로 에도 막부 시절의 나가사키를 설정한다.

그간 역사물에서의 무대 확장은 중국에 국한되어있었다. 이 드라마에서는 그 영역을 넓혀 에도 막부 시절의 일본을 초반 주요 무대로 설정한다.

당시 일본의 나가사키(長崎)에는 쇄국정책의 일환으로 데지마(出島)라는 인공섬이 축조되어 다국적 상인들의 교역이 활발하게 이루어지고 있었다.

극중 이곳 데지마는 주인공 정명공주가 고난을 겪고 성장을 하는 무대로 활용되며, 극 초반 시청자들에게 새로운 볼거리를 제공할 수 있을 것이다.

둘째, '화약'의 획득 과정을 드라마틱하게 묘사함으로 액션과 볼거리를 만들어낸다.

17세기 동아시아는 국제 전쟁의 소용돌이에 휘말렸고 조선은 보다 강력한 나라를 만들기 위해 화약의 제조와 그 원료가 되는 유황의 획득에 국운을 걸고 있었다. 이는 모든 집권자들의 열망이었으며 권력을 쟁탈, 유지하는 길이기도 했던 것이다.

실제 광해군은 이를 위해 일본과 위험천만한 밀거래를 시도했으며, 1657년 이의립에 의해 최초로 조선에서 유황 광산이 발견되기도 했다.

이에 본 드라마에서는 권력투쟁에 나선 이들이 화약과 유황을 얻기 위해 고군분투하는 과정을 스펙터클한 활극에 담아 전개한다.

셋째, 새로운 오픈세트로 〈화기도감〉을 제작한다.

화약 개발에 사활을 걸었던 광해군에게 〈화기도감〉은 정권의 심장부와도 같았다. 〈화기도감〉에는 화약의 원료가 되는 유황, 염초, 숯의 공정 시설 외에 신무기 개발과 은밀한 회합이 진행되는 내실, 소속 기술자와 백성들의 기숙시절이 확보되어야 한다.

이 무대를 중심으로 펼쳐지는 권력 투쟁과 기층민중들의 에피소드는 드라마의 지평을 더욱 확장시킬 것으로 기대한다.

넷째, 천편일률적인 왕실 문화에 새로운 해석을 시도한다.

기존 사극의 왕실 문화 하면 떠오르는 것은 사냥, 다도(茶道), 연회가 전부였으며 어느 사극을 막론하고 다를 바 없는 화면은 규모만 성대할 뿐 시청자들에겐 익숙한 그림이 되었다.

이에 본 드라마는 실제 고증 전반을 크게 해치지 않는 선에서 왕실과 종친 사회의 화려하고 다양한 면모를 마치 중세 귀족 사회의 사교 문화와 같은 느낌으로 해석, 이에 보다 현대적 뉘앙스를 가미하며 왕족 스토리에 판타지성을 강조하고자 한다.

조선의 산천이 피로 물들고 그 대지가 비명에 휘감기니
숱한 이들이 거짓의 예언 가운데 서리라.
자신이 왕좌의 주인이라 외치는 자들.
그로 인해 붉은 피는 하루도 멈추지 않을 것이니
허나, 오직 한 사람 운명의 주인은
이 땅 불을 지배하는 자!
오직 그만이 진정한 세상의 주인이 되리라.

格菴 南師古 (격암 남사고)

★ 등장 인물

▶ 정명공주 (10대 초반/20대 초반) - 이연희

조선왕조 제 14대 국왕인 선조와 인목왕후 사이에서 태어난 공주.

25명이나 되는 왕의 자녀들 중 처음으로 태어난 적통 왕손이자 유일한 공주이다.

그녀가 아직 태중에 있을 때 전설적인 예언가 남사고(南師古)라는 사람이 장차 태어날 그녀가 '불의 지배자이자 진정한 조선의 주인'이 될 것이라는 신탁을 남겼다.

하지만 인목왕후는 왕자도 아닌 공주에게 부여된 그와 같은 예언에 불길함을 느껴 이를 함구하였고, 다만 어린 공주가 비정한 권력다툼에 휘말리지 않고 보장된 공주의 삶, 안락한 여인의 길을 걷게 되기만을 바랐다.

그렇게 태어난 정명은 세상의 모든 축복을 다 가진 아이마냥 부족한 것이 없었다.

도드라지게 붉은 뺨과 웃을 땐 반달이 되는 두 눈.

꺄르르 쏟아내는 맑은 웃음소리는 냉혹한 왕실에 유일한 행복이었다 해도 과언이 아니었으니 아버지 선조의 지극한 애정은 물론 왕실 모두의 사랑을 받으며 성장했던 것이다.

그러나 선조가 죽고 이복 오라비인 광해군이 보위에 오르며, 어린 정명의 삶은 비극으로 내몰리게 된다.

선조를 독살한 이이첨, 김개시와 손을 잡은 광해는 왕실에 피바람을 몰고 왔으며 끝내 6살에 불과했던 영창대군을 죽음에 이르게 한다.

뜨거운 불 속에서 어린 동생의 주검을 안고 울부짖는 정명!

그리고 그 고통이 채 가시기도 전에 인목왕후와 함께 폐위되어 하루아침에 모든 것을 잃고 천민의 신분으로 추락하게 되는데…!

그 후 이이첨 등이 어린 정명마저 노린다는 것을 알게 된 인목은 그녀를 구하기 위해 도성 밖으로 탈출시키려한다.

허나 추격이 시작되고 정명을 호위해 바다를 건너던 이들은 가까스로 공주만을 작은 배에 태워 탈출시킨 뒤 시선을 돌리기 위해 자신들의 배를 스스로 폭파, 모두가 죽음을 맞이하게 되는데…

정명이 목도한 두 번째 잔혹한 불!

오직 자신을 살리기 위해 피붙이 같았던 유모와 호위무사들이 화염 속에서 스러지는 것을 보며 정명은 울부짖었고…

이후 홀로 망망대해 위에 남겨진 정명은 의식을 잃고 표류하던 중 왜국의 상선(商船)에 의해 일본 나가사키(長崎)의 인공섬 데지마(出島) 축조 현장에 노예로 팔려가게 되는데…

지옥과도 같은 그곳에서 어린 정명은 참혹한 신세가 된다. 한때 일국의 공주였던 그녀는 고된 노역과 모진 매질을 견뎌야 했고 끝내 계집아인 것이 밝혀져 감독관의 잠자리에 들게 되는 상황까지 이르게 된 것이다.

정명은 더 이상 버틸 수 없음을 깨닫고 바다에 뛰어들 결심을 한다. 정명에게 목숨보다 더 중요한 것은 그녀가 조선의 공주라는 사실이었던 것이다.

그때 그런 정명의 앞에 나서는 데지마의 노예 자경. 자경은 정명에게 냉정하게 이야기한다.

"어이없지만 그래. 니가 조선의 공주라 치자. 그래서 그게 뭐?

어차피 넌 여기서 공주도 뭣도 아닌 우리와 똑같은 노예, 짐승일 뿐인데.

공주라서 죽어야 해? 그럼 공주를 버려!

짐승으로 살라고!"

하지만 정명은 그의 말에도 자신을 놓을 수는 없었고 끝내 검은 바다에 몸을 던진다.

허나 깊은 바다에 잠기는 그 순간에야 비로소 살고 싶다는 생의 의지를 불태우게 되는데…!

▶ 광해군 (10대 후반/30대 중반) – 차승원

이름은 혼(琿).

선조의 둘째 아들로 후궁인 공빈의 소생.

조선의 제 15대 국왕이 되는 인물이다.

실리를 택한 개혁 군주, 혹은 폐모살제(廢母殺弟-어머니를 폐하고 형제를 죽임)를 자행한 패륜의 폭군.

역사는 언제나 광해를 말할 때 둘 중 하나로 편가르기 하지만 인간 광해를 단순히 이와 같은 흑백논리로 설명할 수는 없다.

태생부터 광해는 환영받지 못한 존재였다.

어머니 공빈이 그를 낳다가 죽자 선조는 어린 광해를 외면했고, 이후 형인 임해군과 함께 왕실의 천덕꾸러기가 되어 존재감 없는 왕자로 성장했던 것이다.

광해는 일찍이 영리하고 조숙했다.

왕실의 일원으로 태어나 그 주변을 배회하며 성장하면서 자연스레 권력을 욕망하기도, 한편으론 그 권력의 위선에 소년다운 염증을 느끼기도 했던 광해.

하지만 그런 자신을 숨길 줄 아는 영리함도 갖춘 광해는 이따금 냉소적이었을 뿐, 적어도 보이기엔 과묵하고 온화한 모난 데 없는 소년이었는데.

그러나 18세가 되던 해.

광해의 인생은 일대의 전환점을 맞이하게 된다.

임진왜란이 발발하면서 선조가 전격적으로 광해를 세자로 책봉한 것이다.

누구도 믿을 수 없었던 충격적인 선택!

이후 위태로운 세자로 15년을 버티던 광해는 선조가 죽고 보위에 오르면서 친형인 임해군을 필두로, 정원군의 아들 능창군, 이복 아우인 영창대군과 그 세력들을 치밀한 정치 공작 하에 무자비할 정도로 냉혹하게 처리해 나간다. 물론 그런 광해도 잠시 머뭇거린 시점이 있었다. 이복누이 정명을 처리해야 할 때였다. 모두가 두려워하던 자신을 향해 거리낌 없는 웃음을 지어보이던, 광해를 오라버니라 부르던 꽃 같은 아이. 하지만 이이첨은 끈질기게 어린 공주를 처리할 것을 주장했고, 광해는 자신을 옹립한 세력의 충성을 끌어내기 위해 그들이 원하는 것을 내어주어야만 했다. 도리가 없었다. 권력이란 그 뒤안길에 언제나 불가피한 희생물을 남기기 마련이 아니던가. 그렇게 정명을 죽이면서(*죽였다고 믿으면서) 광해는 자기 안에 남아있던 마지막 인간을 지운다. 그리고 흔들림 없는 절대 군주의 길을 걸어가는데.

이후 명청 교체기의 혼란과 권력 투쟁의 와중 광해는 왕국과 자신의 권력을 지키기 위하여 은밀히 화약 개발에 매진하게 되고 그러던 중 화기도감에 진입한 정명과 재회, 그녀를 알아보지 못한 채 미묘한 감정의 흔들림을 느끼기도 한다.

25명이나 되는 자식을 낳아 치열한 권력 투쟁을 야기했던 아버지에 대한 복수라도 하듯 오직 중전에게서만 단 한명의 왕자를 얻었을 뿐, 수많은 후궁 누구한테서도 후사를 보지 않는…

그렇게 여인을 도구로 여길 뿐 마음 나눈 적 없는 광해에게 그것은 당혹스런 경험이 되고, 이후 그녀가 다름 아닌 정명이라는 것을 알게 되었을 때 충격에 휩싸이게 되는데.

이후 점차 자신의 대적자로 성장해가는 정명과의 대립 속에서 끝내 패배하게 되고, 인조반정으로 권좌에서 축출당하지만 역사 속 인간 광해의 새로운 2막은 바로 그때부터 다시 시작되게 된다

▶ 홍주원(10대 중반/20대 중반) - 서강준
조선의 유력 가문 풍산(豊山) 홍씨의 일족으로 조부인 홍이상(洪履祥)이 대사성과 대사헌을 지낸 명실상부한 당대 최고 명문가 집안의 장자(長子)이다.
대과에 장원 입격한 인재로 명목상 직책은 승문원 교리이나 실질적인 화기도감의 책임자인 주원.
그는 성리학적 깊이는 물론이요, 세상에 보지 않은 서책이 있을까 싶을 만큼 박학다식해 '설마 이런 것까지?' 하는 그 순간 당연히 그런 것까지 알고 있는 인물인데.
냉철하고 과단성 있으며, 고위 중신들 앞에서도 주저 없이 쓴소리와 아는 척을 서슴지 않아, 일면 오만해 보이지만 그 오만함마저 설득되는 천재성을 지닌 인물로 궐 안 궁녀와 다모들 사이에서는 냉미남(冷美男)이라 불린다.
하지만 자신이 집중하는 일 외, 무가치하다고 여기지는 것들에 대해선 심각하리만치 무지할 때도 있으며, 집중력 좋은 천재 특유의 건망증과 허당 끼가 있어 - 물론 가까운 사람들만 아는 특급 비밀로.
대부분의 사람들은 홍주원이 실수를 해도 자신들이 잘못했다고 착각하곤 한다. - 이 찔러도 피 한 방울 안 나올 것 같은 남자의 인간적 매력을 더하기도 하는데.

어린 주원은 집안과 같은 서인(西人) 계열인 오성 이항복(李恒福)의 제자로 들어가게 되고, 이항복은 원칙적이며 영리한 어린 소년의 눈빛에서 흥미로운 반골 기질을 엿보게 된다.
'이어 천재는 천재가 알아보는 법'이라며 주원을 자신의 벗인 당대 최고의 지성 한음 이덕형에게 넘기는데.

그렇게 이덕형의 사사(師事)를 받던 어느 날.

지적 호기심에 충만하던 주원은 스승의 은밀한 서가를 넘보게 되고 그곳에서 성리학 서적이외 금서로 취급받는 다양한 서책을 발견하고 충격을 받게 되는데…!

당시가 어떤 때였는가. 조선은 성리학을 유일한 학문, 정치 사상으로 신봉하며 타 사상은 - 심지어 같은 유학마저도 - 모두 이단으로 억압하던 시절이 아니었던가.

그런데 사대부들의 추앙을 받는 영의정 이덕형의 집에서 쏟아져 나온 각종 불온서적이라니…!

그때, 그런 주원의 뒤에 모습을 드러내는 이덕형과 이항복.

두 사람은 이미 주원을 놓고 내기 판을 벌인 차였고 두 사람, 충격에 휩싸인 주원은 아랑곳도 않은 채 주원에게 "보고 싶지? 보고 싶어 죽겠지?"하며 어린 제자를 살살 놀리기까지 하는 게 아닌가.

그리고 이내 그들은

'한 점의 오류도 없는 사상도 없고, 한 톨의 진실도 없는 사상도 없다. 그러므로 세상엔 생각의 자유가 필요한 것이며,

가장 위험한 세상, 그것은 하나의 생각이 지배하는 세상이다.'라는

놀라운 말을 건네는데.

그 순간 어린 주원은 가슴이 터질 듯한 해방감을 느꼈고, 이는 훗날 위대한 정치가이자 혁명가로 성장하는 주원에게 큰 영감을 주게 되는데.

이렇듯 조숙한 천재인 주원에게는 오성과 한음과 같은 벗이 있었으니 그게 바로 강인우이다.

주원이 차가운 얼음과 같다면 인우는 뜨거운 불과도 같았다.

두 사람은 어느 하나 닮은 점이 없었지만 피를 나눈 형제와도 같았는데.

그런 두 사람의 인생에 등장한 정명공주!

어린 시절 정명공주와 인연을 만든 두 사람은 그녀가 아우를 잃고 오열하는 것을 지켜보았다.

그때 작은 어깨를 떨며 아파하던 어린 공주를 안아주었던 주원. 비록 힘없는 소년이었지만 그는 자신이 공주마마를 지키겠노라 약속했다.

하지만 끝내 정명은 광해 세력에 의해 목숨을 잃게 되고, 이는 어린 주원과 인우 모두에게 씻을 수 없는 상흔으로 남게 되는데…

▶ 강인우(10대 중반/20대 중반) – 한주완

당대 조선에 또 다른 가문이 있다면 그 하나가 바로 강인우의 집안이다.

홍주원 쪽에 명예가 있다면 그의 가문엔 왕실 재산도 우스울 만큼의 막대한 재산이 있는데.

강인우는 바로 그 가문의 유일한 후계자이다.

그러나 정치 따위엔 흥미가 없어 일찌감치 출사는 포기.

매일 느지막이 일어나 출몰하는 곳이라곤 도성의 하릴없는 사내들이 모여 드는 활터요, 새로 문을 연 따끈따끈한 기방인데.

한양 여인들이 주원을 일컬어 냉미남이라 한다면 강인우를 일러 상미남(上美男)이라 하니, 그 자신 타고난 미남자이면서도 여인이라면 미추(美醜)를 가치지 않고 친절하고 관대한 미덕(?)까지 갖추었는데.

이렇듯 허랑방탕하게 인생을 탕진하는 듯 보이는 인우.

하지만 불과 몇 년 전만 해도 수재라 불리던 인우가 이렇게 변하리라 예상했던 이는 아무도 없었다.

어린 시절 인우는 영리했고 야심이 넘쳤으며 호승심(好勝心) 또한 대단했다.

인우는 아버지 강주선이 자신에게 거는 기대를 알았고 무엇보다 스스로 최고의 자리에 오르고픈 야망도 있었다. 하여 가장 친한 벗인 주원에게 묘한 경쟁심까지 느끼지 않았던가.

하지만 뜻하지 않게 알게 된 출생의 비밀 앞에 인우는 흔들리고 말았다.

강인우는 강주선이 집안의 여비(女婢)와 통정하여 얻은 서출이었다.

존경하던 아버지가 그런 실수를 했다는 것도 물론이거니와 인우는 자신의 몸속에 천민의 피가 흐른다는 사실에 커다란 충격을 받는다.

다만 인우는 강주선의 정실 부인이 아이를 낳지 못하자 그녀가 임신한 것으로 위장하여 그 가문의 적자로 재탄생하게 된 것이었다.

물론 그의 부모들은 단 한순간도 인우가 그것을 눈치채지 못할 만큼 인우를 아껴주었으며 존경스러우리만치 품위 있고 고상했다.

하지만 어린 인우는 자신을 도련님이라 부르는, 어미가 같은 노복 형(兄)을 보며 매순간 자아가 흔들렸고, 이내 친모로 믿어왔던 양어머니의 위선을 마주하며 열병 같은 방황을 시작하게 된다.

그리고 그때, 인우가 만난 것이 정명공주였다.

흐드러지게 날리던 매화꽃 아래서 그 꽃보다 예쁜 웃음을 짓던 어린 공주는 자신의 몸속에 천출의 피가 흐른다는 절망에 사로 잡혀 있던 소년에겐 닿을 수 없는 동경이 되었다.

또 그녀가 아우를 잃고 신분까지 잃은 채 축출당했을 땐 누구도 공감하지 못할 동질감을 느꼈던 것인데. 그렇게 어린 인우에게 정명은 운명처럼 끊을 수 없는 사랑이 되었던 것이다.

하지만 정명이 광해에 의해 죽임을 당하게 되자 인우는 끝내 헤어 나올 수 없는 절망에 빠져들고 마는데…

드라마 대본 상세 설명

드라마는 작가가 집필한 대본을 통해 제작하며 야외와 스튜디오 장면으로 구분되어 진행한다. 대본 내용의 기본적인 저작권은 작가에게 있고, 드라마 대본은 비매품이며 외부로 유출을 금지하고 있다.

여기서는 대본의 표지부터 내용에 대한 상세한 설명을 하기로 한다.

❶ 대본의 기획자와 제작자, 작가와 연출, 조연출의 이름이 표기된다.

❷ 드라마의 장르를 표시한다. 이 드라마는 'MBC 주말 드라마'라는 표시이다. 다른 예로 'MBC 주말 특별 기획', 'MBC 일일극' 등이 있다.

❸ 드라마의 제목을 가장 큰 제호로 표시하고 캘리그래피를 주로 사용한다.

❹ 제작하는 드라마의 횟수 표시

❺ 이 드라마를 기획하는 회사와 제작사를 표시한다. 이 드라마의 기획은 MBC가 하고 제작은 '이관희 프로덕션'에서 제작한다는 의미이다.

❻ 방송 일시 표시이며, 표시가 안 된 것은 편성 등의 변경으로 방송 날짜가 확정이 되지 않음을 나타낸다.

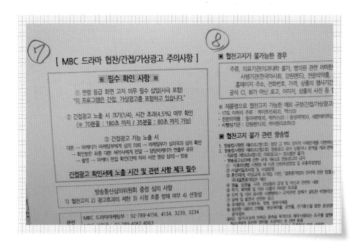

❼ ❽번에 표기된 것은 드라마의 협찬과 간접 광고 및 가상 광고에 대한 주의 사항을 자세하게 표기한 내용이다. 드라마 제작 시 가장 많은 부분에서 간접 광고나 협찬 물품이나 상호가 노출되는 관계로 연출 팀에서는 제작과 편집 시 위의 내용을 반드시 숙지하고 제작에 임해야 한다.

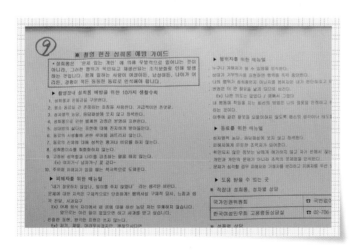

❾ 촬영 현장에서의 성희롱 예방 가이드 안내서 내용이다.

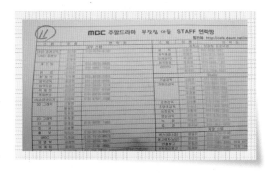

❿ 외부 스태프 연락망으로, 오른쪽 상단에 제작 스태프용 인터넷 카페의 주소도 표기되어 있다.

⓫ 내부 스태프 비상 연락망 내용이다.

⓬ 대본 전체의 신 정리표로 신의 표시와 쪽의 표시. 그리고 녹화 장소 등을 시제(낮과 밤, 새벽 등)와 함께 표시한 것이다.

⑬ V	⑭ C	⑮ A
S#1. 수희 정원 (다른 날) (아침)		⟨ 부잣집 아들 ⟩ (제 43회)
S#2. 태일 방 (다른 날) (아침)		
출근 준비하던 태일, 전화를 받고 있다.	②태TFS	수 태 ① ② ③ ④
		태일　네, 제가 날태일입니다만 누구시죠?
	①태BS	병원? 재검이요? ....아, 신경써준 건 감사한데요.

⑬ ⑭ ⑮제작할 장소와 카메라 및 음향에 대한 표시이다.

예를 들어 S#1.은 수희 정원으로 야외의 아침이라는 장면이고, S#2.는 태일 방으로 스튜디오 녹화 장면을 표시한 내용이다. 는 연출자가 작성한 카메라의 콘티를 표시한 내용으로, ②는 2번 카메라가 태일의 TFS(타이트한 풀 shot)을 표기한 내용이고 ①은 태일의 BS(바스트 shot)을 표기한 것이다.

⑮ 연기자의 대사(AUDIO)를 표시한 것이다.

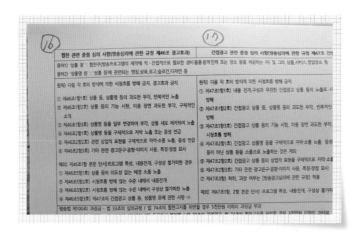

⑯ ⑰ 대본의 마지막 쪽에 표시된 내용으로, 협찬에 대한 법령을 자세하게 표시한 것이다.

작품 참여 후기 /

＊《다시 시작해》원영옥 작가가 제작 참여 후 보낸 마지막 메시지

　　그동안《다시 시작해》를 위해 애써주신 CP님과 감독님, 스태프, 선생님들과 배우 여러분께 진심으로 감사드립니다. 대본에 담은 이야기와 메시지가 시청자 한 분 한 분의 가슴에 온전히 새겨질 수 있도록 최선을 다해주신 모든 분들께 고마운 마음을 전합니다.

　　우리 인물들이 이 드라마를 통해 조금씩 변화하고 성장했다면 그건 여러분 모두의 덕분입니다. 121회 이후에도 나봉일 원장님댁과 이태성 사장 집, 강병철 회장님댁, 유채네 집 가족들은 여전히 어느 곳에선가 열심히, 아름답게, 살아갈 것만 같습니다.

　　한 배에 오른 게 바로 어제 일 같은데, 이제 육지의 불빛이 보입니다. 함께가 아니었다면 이 긴 항해를 버틸 수 있었을까 생각해 봅니다. 긴 시간 한결같은 마음으로 최선을 다해주신《다시 시작해》드림팀, 오래도록 기억하겠습니다.

　　감사합니다.

Epilogue

scene 1
드라마 연출 선배를 만나 나눈 대화.
야외 촬영 배우에게 연기에 대한 주문을 했다.
돌아서 카메라 쪽으로 오는데 수십 명의 스태프가 보였다.
"이 스태프들이 드라마를 만드는 숨어 있는 사람이다."라는 생각을 했다.

scene 2
최근 드라마를 끝내고 쫑파티에서 연출자와 소주 한잔했던 시간들…
드라마 시작하면서 스태프의 기대치가 낮았다.
초반 시청률도 매우 저조했다.
그러나 중반 이후 스태프의 강한 힘을 느끼기 시작했다.
스태프의 성원으로 힘을 얻어 마지막까지 달려왔다.
스태프는 연출자의 몸과 마음을 바꾸는 비타민이 되었다.

scene 3
새벽 6시 30분 조명 시작 전 회의실.
10여 명의 조명 스태프가 모여 여러 장면 연출에 대해 논의한다.
작은 등기구가 모여 멋진 드라마의 분위기를 만든다.
나는 혼자이지만 조명 스태프가 있기에 조명 감독으로 존재한다.
멋진 조명에 대한 찬사를 그들에게 주고 싶다.

scene 4

드라마 막내 스태프 단독방.

새벽 5시 일산 MBC 드림센터 앞 버스.

출발 문자가 온다.

전날 밤 출장 가방을 챙기고 미리 출근해 회사 숙직실에서 눈을 부친다.

다음날 큐시트와 대본을 생각하며 버스에 오른다.

새벽을 가르며 버스가 출발하고

서서히 떠오르는 태양을 바라보며

나의 인생도 환하게 빛날 날을 그리며 눈을 뜬다.

…

여러 가지로 많이 부족한 책이다.

아직도 숨어 있는 모든 스태프를 찾아 기록하고 싶다.

연기자의 화려한 스포트라이트 이면에는 그림자가 반드시 존재한다.

그들은 머리로 생각하고 손을 사용해 그림자를 만들어나간다.

지금 이 순간도 그림자를 위해 일하고 있는 모든 스태프에게

환한 빛을 받아 멋지게 피어나는 꽃이 되는 날을 꿈꾸어 본다.

…

초판의 아쉬운 점을 보강했다.

드라마 제작은 빠르게 변하고 있다.

많은 동료와 스태프가 도와주어 여기까지 왔다.

글로 변하고 있는 제작 환경을 모두 보여 주기에는 한계가 있다.

이 책이 더욱 완벽한 드라마를 제작하는 데 작은 단초가 되었으면 한다.

제작 현장에서 항상 새로운 것에 대한 도전하는 스태프에게

박수를 보내고 늘 감사드린다.

 ## 저자의 조명 감독 작품

1990 • 주간극_ 전원일기 (이관희 연출)
1990 • 조선왕조 500년_ 대원군 (이병훈 연출)
1991 • 수목극_ 까치 며느리 (정문수 연출)
1991 • 주간극_ 한지붕 세가족 (정인 연출)
1992 • 주간극_ 우리들의 천국 (이진석 연출)
1993 • 시트콤_ 김가 이가 (김승수 연출)
1994 • 주간극_ 짝 (정세호 연출)
1994 • 아침극_ 천국의 나그네 (황인뢰 연출)
1994 • 수목극_ 아들의 여자 (이관희 연출)
1995 • 주말극_ 아파트 (이진석 연출)
　　　　주간극_ 종합병원 (최윤석 연출)
　　　　수목극_ 숙희 (정인 연출)
1996 • 주말극_ 동기간 (장수봉 연출)
　　　　수목극_ 미망 (소원영 연출)
　　　　일일극_ 서울 하늘 아래 (정인 연출)
1997 • 일일극_ 세번째 남자 (이병훈 연출)
　　　　일일극_ 방울이 (장수봉 연출)
1998 • 주말극_ 그대 그리고 나 (최종수 연출)
　　　　수목극_ 수줍은 연인 (안판석 연출)
1999 • 일일극_ 하나뿐인 당신 (정운현 연출)
　　　　미니시리즈_ 흐르는 것이 세월뿐이랴 (장수봉 연출)

2002 • 월화사극_ 상도 (이병훈 연출)
2002 • 주말극_ 그대를 알고부터 (박종 연출)
2003 • 아침극_ 황금마차 (배한천 연출)
　　　　주말극_ 죽도록 사랑해 (소원영 연출)
2005 • 월화극_ 영웅시대 (소원영 연출)
2006 • 아침극_ 이제 사랑은 끝났다 (백호민 연출)
　　　　주말극_ 누나 (오경훈 연출)
2007 • 시트콤_ 거침없이 하이킥 (김병욱 연출)
2008 • 월화사극_ 이산 (이병훈 연출)
　　　　수목극_ 내여자 (이관희 연출)
2009 • 시트콤_ 지붕뚫고 하이킥 (김병욱 연출)
　　　　아침극_ 하얀 거짓말 (배한천 연출)

2010 • 월화사극_ 동이 (이병훈 연출)
2011 • 시트콤_ 짧은 다리의 역습 (김병욱 연출)
　　　　주말사극_ 짝패 (임태우 연출)
2012 • 월화극_ 빛과 그림자 (이주환 연출)
2013 • 월화사극_ 마의 (이병훈 연출)
2014 • 일일극_ 엄마의 정원 (노도철 연출)
　　　　아침극_ 폭풍의 여자 (이민수 연출)
2015 • 월화사극_ 화정 (최정규 연출)
　　　　저녁드라마_ 최고의 연인 (최창욱 연출)
2016 • 저녁드라마_ 다시 시작해 (박재범 연출)
　　　　아침드라마_ 언제나 봄날 (이형선 연출)
2017 • 일일극_돌아온 복단지(권성창 연출)
　　　　주말극_도둑놈 도둑님 (오경훈 연출)
2018 • 주말극_부잣집 아들(최창욱 연출)

MEMO

MEMO

2019년 1월 10일 개정판 1쇄 인쇄
2019년 1월 20일 개정판 1쇄 발행

저   자   김태홍
발 행 인   이미래

발 행 처   씨마스
등록번호   제301-2011-214호
주   소   서울특별시 중구 서애로 23 통일빌딩
전   화   (02)2274-1590
팩   스   (02)2278-6702
홈페이지   www.cmass21.net
E-mail   licence@cmass.co.kr

기   획   정춘교
진행관리   이은영
책임편집   권소민
편   집   양병수, 이민영, 김지은, 신태환
마 케 팅   김진주

디 자 인   표지_이기복, 내지_박상군

ISBN | 979-11-5672-307-3 (13680)

정가 17,000원